Robert Misik
Das Kult-Buch

Robert Misik

DAS KULT-BUCH

Glanz und Elend
der Kommerzkultur

aufbau
AUFBAU VERLAGSGRUPPE

Mit 20 Abbildungen

ISBN 978-3-351-02651-6

Aufbau ist eine Marke der Aufbau Verlagsgruppe GmbH

1. Auflage 2007
© Aufbau Verlagsgruppe GmbH, Berlin 2007
Einbandgestaltung Grimm-design
Druck und Binden Ebner & Spiegel, Ulm
Printed in Germany

www.aufbau-verlag.de

Inhalt

Vorwort

Konsumkritik – aber richtig!

Unter den bezaubernden Kindergeschichten vom kleinen Nick, die der legendäre französische Autor René Goscinny vor 35 Jahren schrieb, findet sich eine, die regelrecht zeitdiagnostische Kraft besitzt. Sie handelt davon, wie der kleine Nick kurz vor Schulbeginn mit seiner Mama die notwendigen Dinge für die Schultasche einkaufen geht. »Dann hat Mama mir ein Mäppchen gekauft, das aussieht wie das Halfter von einer Pistole, aber an Stelle von einer Pistole ist ein Bleistiftspitzer drin, der aussieht wie ein Flugzeug, und ein Radiergummi, der so aussieht wie eine Maus, und ein Bleistift, der aussieht wie eine Flöte, und eine Menge kleiner Dinge, die aussehen wie irgendwelche anderen Dinge.«

In einem gewissen Sinne sind alle Dinge heute Dinge, die aussehen wie irgendwelche anderen Dinge. Nicht, dass ein Turnschuh nicht aussähe wie ein Turnschuh. Das natürlich keineswegs. Aber doch ist in der »designer capitalist society« kaum ein Ding mehr auf seine nackte Dinghaftigkeit reduziert. Die Dinge repräsentieren gleichzeitig Bedeutung. Der Turnschuh repräsentiert Fitness, die abgewetzte Trainingsjacke repräsentiert Hipness, der iPod Trendyness, die Obstpresse repräsentiert gesunde Ernährung, das zierliche Teeservice repräsentiert Entspannung, das Perrier-Mineralwasser Lebensart, und der Fair-Trade-Kaffee annonciert, dass der Käufer ein guter Mensch ist.

Dinge, die besonders gut sind beim Repräsentieren, nennt man im allgemeinen »Kult«: der Adidas-Schuh, die Ray-Ban-Brille, der Latte macchiato, der iMac, das gerade angesagte Kult-Buch, die Toskana-Reise, das hippste Handy der Saison, das Stück von Prada, das Accessoire von Dolce&Gabana – die Liste ist endlos. Alles Dinge, die viele Leute haben wollen, weil sie gerne möchten, dass die Attribute, mit denen die Dinge verbunden sind, auch mit ihnen verbunden werden. Im Lifestyle-Kapitalismus ist der Stil eines Menschen, seine Identität, unmittelbar verbunden mit den Dingen, die er konsumiert.

Der praktische Gebrauchswert der Dinge gerät in den Hintergrund, was nicht heißt, dass er keine Rolle mehr spielt – aber dass die Güter ihren praktischen Nutzen erfüllen, wird ohnehin vorausgesetzt. Dass jeder MP-3-Player Musik wiederzugeben vermag, ist keine Frage, was aber den einen MP-3-Player von anderen unterscheidet, ist das, was man seine Kultur nennen könnte. Deshalb wird die Kultur in der Güterproduktion immer bedeutender. Ich spreche deshalb im Folgenden vom »Kulturkapitalismus« – ein Begriff, der vom amerikanischen Trendforscher Jeremy Rifkin geprägt wurde.

All das ist irgendwie bekannt, aber in seiner Dimension noch gar nicht richtig begriffen. Gewiss, die Postmoderne hat ihren Frieden mit der Populärkultur gemacht und instinktiv die Unterscheidung zwischen »wichtig« und »unwichtig« verworfen. Die Analyse des unbedeutendsten Gutes galt ihr als ebenso relevant wie die Auseinandersetzung mit den alten, großen Fragen. Ja, mehr noch: Die alten großen Themen – »Geschichtsphilosophie«, »Arbeiterklasse«, »Fortschritt« – schleppten einen prallvollen Rucksack an Bedeutung mit, schienen aber zunehmend irrelevant zu werden, während die unbedeutendsten Dinge an Relevanz zu gewinnen schienen. Man kann das auch als paradoxe Volte der Verdinglichung beschreiben: Die Bedeutung wandert in die Dinge ein. Man kann es freilich auch mit Hinweis auf die Psychoanalyse beschreiben, die uns schließlich gelehrt hat, dass die nebensächlichsten Handlungen einer Person Symptom grundlegender psychischer Störungen sein, also auf sehr Bedeutendes verweisen können. So ähnlich ist auch mit der Konsumkultur: Die Analyse der Dinge, die wir kaufen, die Analyse der Gründe, warum wir sie kaufen, hat fundamentale Bedeutung für das Verständnis unserer Gesellschaften.

Die klassische Kapitalismuskritik und die klassische Ökonomie haben dies noch längst nicht wirklich begriffen. Die linke Konsumismuskritik unterstellt, die Werbung manipuliere den Verbraucher, der nicht weiß, was er tut – wohingegen die Konsumenten durchaus selbstbewusst aus dem Fundus der Stil-Angebote auswählen und gerade die Lifestyle-Attribute der Waren nachfragen. Es ist die Bedeutung der Güter, die die Kunden konsumieren – man muss sie da nicht manipulieren, im Gegenteil, sie wissen das sehr gut.

Die klassische Ökonomie kann mit den Realitäten der kulturalisierten Märkte womöglich noch viel weniger anfangen. In ihren Modellen geht sie vom Homo oeconomicus aus, der stets streng seinem Eigennutz folgt – und deshalb, beispielsweise, auf Kostenminimierung Wert legt. Doch längst wird eine Ökonomie, die allen Ton auf die materielle Rationalität legt, dem realen Geschehen auf den Konsummärkten nicht mehr gerecht. Der Kulturtheoretiker Nico Stehr hat jüngst in seinem Buch »Die Moralisierung der Märkte« ausführlich beschrieben, welch entscheidende Rolle »nicht-ökonomische Werte«, »kulturelle Werte« in der »angeblich kulturfreien Welt … der modernen Wirtschaftssysteme spielen«.[1] Die moralischen Erwägungen der Konsumenten müssten darum »auf der gleichen Nützlichkeitsebene« lokalisiert werden wie rein materielle Erwägungen.[2]

Soll heißen: Wenn ich zu einem Gut immer »etwas dazu« bekomme, dann ist das nicht bloß eine nebensächliche Zugabe, sondern für meine Kaufentscheidung durchaus bedeutsam. In einer Welt, in der in weiten Segmenten die lebensnotwendige Basisausstattung mit den Dingen des täglichen Bedarfs vorhanden ist (und in der selbstverständlich auch diese Basisgüter durch Bedeutung unterscheidbar gehalten werden), bekommt der Konsument zu den Dingen immer auch etwas mitgeliefert: ein gutes Gefühl, gelegentlich auch ein gutes Gewissen. In gewissem Sinn ist das Gut das Accessoire des symbolischen Mehrwerts.

Leicht einzusehen ist das beim Konsum ökologisch nachhaltiger oder fair gehandelter Güter. Wer ein Auto mit niedrigem Schadstoffausstoß und geringem Treibstoffverbrauch erwirbt, der freut sich über den schicken Schlitten und zudem auch noch darüber, dass er der Natur etwas Gutes getan hat. Wer eine Ware mit Fair-Trade-Zertifikat erwirbt, der darf sich als guter Kerl fühlen. Und da es natürlich viel angenehmer ist, ein gutes Gewissen zu haben als ein schlechtes, können wir es logischerweise auch als »nützlich« für den Konsumenten bezeichnen. Hin und wieder hat man den Eindruck, die politischen Aktivisten seien nicht mehr wiederzuerkennen: Statt auf die Demo gehen sie einkaufen – nur dass sie eben die korrekten Güter kaufen. Buycott statt Boykott.

In einer Welt, in der wesentlich Bedeutung und gute Gefühle konsumiert werden, gerät vieles in Bewegung. Die Wellness-Industrie hat ganze Produktpaletten von Gütern und Dienstleistungen im Angebot, deren einziger Zweck die Gefühlsökonomie zweiten Grades ist – dass der Verbraucher das Gefühl hat, sich gut zu fühlen. Mineralwässer etwa, die »Balance«, »Emotion« oder »Sensibility« versprechen; Wohlfühl-Hotels, die den Mahagoni-furnier-Charme von Kur- und Rehakliniken längst abgelegt haben. Oft wird nicht einmal mehr der Inhalt eines Produkts beworben, »sondern die Stimmung, in die der Kunde beim Konsum versetzt wird«[3]. Traditionelle Medizin wird angeboten, sogar der Coca-Cola-Konzern brachte unlängst einen Wellness-Drink auf den Markt. »Gesundheit und Wellness sind die hauptsächlichen Wachstumsgeneratoren der Soft-Drink-Industrie«, postuliert der *Economist*.[4] Diesem Veränderungsdruck unterliegt natürlich auch die Pharmaindustrie. Die Entwicklung teurer Medikamente, die möglicherweise gegen echte, aber seltene Krankheiten helfen würden, ist längst weniger profitabel als Investment in den boomenden Wellness-Markt.

Wenn wir den zeitgenössischen Kapitalismus und die heutige Warenproduktion verstehen wollen, reicht es nicht mehr (wenn es überhaupt jemals gereicht hat), die Prozesse von der Produktionsseite her zu analysieren. Wir müssen uns der Konsumtionsseite zuwenden und uns ansehen, was diese »produziert« – wie sie auf unsere Lebenswelten einwirkt und wie sie auf die Produktionsseite zurückwirkt. Monetär bewertete Güter sind offen für individuelle Gebrauchsweisen und können somit sogar einer ambivalenten De-Kommodifizierung unterworfen werden. Sammler können Güter in Gaben und in Schätze verwandeln. Jedes Gebrauchsgut kann zum Kultgegenstand werden. Deswegen habe ich dieses Buch »Das Kult-Buch« genannt – natürlich nicht ohne Augenzwinkern und Ironie angesichts des doppelten Sinns dieses Titels.

Der Untertitel »Glanz und Elend der Kommerzkultur« mag manche schon mehr verstören. »Warum Glanz?«, fragt womöglich der gewohnheitsmäßige Kapitalismuskritiker. »Warum Elend?«, mag wiederum der glückliche Shopper grübeln. Nun, es ist ein hartnäckiges kulturkritisches Vorurteil, dass der Massenkonsum die Welt eintöniger und notwendigerweise schlechter macht. Schon frühere Kritikergenerationen beklagten das Verschwinden der Individualität als Folge der Massengesellschaft. Für den Kulturkapitalismus lässt sich das freilich nur schwer behaupten. Im Wettbewerb um Marktanteile werden immer mehr Zielgruppen erfunden und immer mehr Güter angeboten, die die Angehörigen unzähliger Zielgruppen unbedingt haben müssen, um sich von den Angehörigen anderer Zielgruppen zu unterscheiden. Der zeitgenössische Kapitalismus befördert keineswegs Konformismus, im Gegenteil: Jede Form der Individualität ist ihm willkommen, gerne auch Patchwork-Identitäten, denn für fast jeden denkbaren Lifestyle hat er die zugehörigen Gadgets schon im Angebot – und wenn nicht, schickt er seine Trendscouts los, um entsprechende Waren zu entwickeln. Das macht die Welt auch bunter. So viel zum Thema Glanz.

Aber so, wie das Konsumgut meist nicht gratis ist, ist auch die Konsumkultur nicht ohne Preis zu haben. Sie formt sich unsere Städte, sie richtet sich die Subjekte her, sie schreibt sich ein in unser Innerstes. Mit unserer Umwelt interagieren wir, indem wir kaufen. Innenstädte sind von Shopping Malls nur mehr schwer zu unterscheiden. Wer etwas erleben will, wählt aus den Angeboten der Erlebnisindustrie aus. Die Jagd nach dem Neuen ist dem Konsumbürger zur zweiten Natur geworden. Wenn's mit den Freunden nicht so klappt – weg mit ihnen, man kann sich ja neue suchen (so sind wir es von den Waren gewohnt). Um die nächste Ecke wartet bestimmt ein noch aufregenderer Mensch. Der Homo shoppensis ist doch ein recht eindimensionales Wesen. Der Konsumkapita-

Öffentlicher Raum ist Werbe-Raum.
Fassadendeckende Handywerbung in Berlin, Rosenthaler Platz

lismus hat, bei allem Glanz, zweifelsfrei auch etwas Elendes.

Gewiss bin ich nicht der Erste und Einzige, der sich darüber Gedanken macht. Ziel dieses Buches ist es, erstmals umfassend darzulegen, was aus der Ökonomisierung der Kultur, die gleichzeitig eine Kulturalisierung der Ökonomie ist, folgt. Die Kultur selbst ist, wie Franz Schuh mit unverwechselbarer Ironie schreibt, »eine Wachstumsbranche«[5]. Kreativität ist heute eine der wichtigsten Produktivkräfte.

Der Kreative wird zum Leitmodell des flexiblen Arbeitnehmers. Künstlertugenden, einst Gegenteil der Charaktereigenschaften, die in der Wirtschaftswelt erwartet wurden, werden heute in jedem Büro großgeschrieben. Der Kampf um Aufmerksamkeit tobt. Die Symbol- und Zeichenmächtigen sind gefragt – und hoch bezahlt – im Kulturkapitalismus. Noch die Subkultur wird gewinnbringend vermarktet. Ein kreatives Leben ist heute nichts, was sich eigenwillige Naturen gegen widrige Umstände zu erkämpfen hätten, Kreativität ist etwas, was von allen gefordert wird – bisweilen gar auf etwas herrische Art und Weise.

Wenn heute wieder von der »Unterschicht« die Rede ist, dann liegt schnell aller Ton auf der Kultur der Unterschichten, auf dem Unterschichten-Lifestyle, dem Unterchic – über die materielle Bedrängnis der da unten wird dann deutlich weniger geredet. Schließlich ist ja jeder für seinen Lebensstil selbst verantwortlich. Und auch der »Kampf der Kulturen« hat mehr mit »Kultur« in engem Sinn zu tun, als man beim saloppen Gebrauch der Metapher ahnt – er ist nämlich ohne die universelle Verbreitung eines kulturellen Zeichensystems und die Revolte gegen dasselbe kaum hinreichend erklärbar.

Konsum von Stil und Kultur hat eine ebenso wichtige Bedeutung für die Bearbeitung und Veränderung der äußeren Lebenswelt wie für die Selbstbearbeitung der Innenwelt der Subjekte – womit aber auch Konsumieren eine »Produktionsform« ist. Das, kurzum, ist die zentrale These dieses Buches. Altbackene Konsumkritik, die dem Verbraucher einerseits ein schlechtes Gewissen macht und ihn andererseits entlastet, indem sie unterstellt, er sei nur Marionette böswilliger Konzerne, ist meine Sache nicht –

über retrolinke Plumpheiten dieser Art ist die Zeit hinweggegangen. Für eine dürre Apologie des Kulturkapitalismus und der Konsumkultur gibt es freilich noch viel weniger Anlass.

Wenn man die Konsumkultur kritisieren und ihre schlimmsten Auswirkungen korrigieren will, muss man sie zunächst in all ihren Ambivalenzen verstehen, auch um differenzieren zu können, welche Korrekturen notwendig sind, welche die Welt womöglich ärmer machen würden – und welche überhaupt kurzfristig möglich sind. Darum ist, wenn man so will, das geheime Motto dieses Buches: »Konsumkritik – aber richtig!«

1. Kulturkapitalismus

Warum wir heute immer weniger
den Gebrauchswert von Gütern und zunehmend
ihren kulturellen Mehrwert konsumieren.

In früheren Zeiten pflegten gediegene Blätter, die etwas auf sich hielten, unter ihrem Zeitungskopf zu annoncieren, es handele sich bei ihnen um eine Zeitschrift »für Politik, Wirtschaft und Kultur« (die Hamburger *Zeit* hält bis dato an dieser Übung fest, hat aber neulich das Wort »Wissen« hinzugefügt). Doch blättert man heute dieselben Zeitungen durch, wächst der Eindruck, Wirtschaft und Politik lösten sich zunehmend in »Kultur« auf. Die Schlagzeilen der Politikseiten beherrscht das, was man so gemeinhin den »Kampf der Kulturen« nennt. Auch die Berichte über Wahlen, Parteien und Spitzenpolitiker treffen kaum das Wesentliche, wenn sie von umstrittenen Sachfragen handeln – schließlich entscheidet heute über den Erfolg und Misserfolg eines Politikers oder einer Politikerin zuvorderst deren »persönlicher Stil«, ihr »Image«. Die Wirtschaftsseiten sind ohnehin Kulturseiten anderer Art, gibt es doch kaum mehr eine Ware, deren praktischer Gebrauchswert wirklich das Entscheidende wäre. Sanfte Konsumfaktoren wie das Image der Ware, die »Persönlichkeit« der Marke sind in den meisten Fällen viel wichtiger. Umgekehrt ist auch die »Kultur« ein ökonomisch wichtiges Gut – nicht nur als Anlagevermögen wie etwa in der bildenden Kunst oder als marktgängige Massenware wie im Pop. Als gebaute Kunst ist die Architektur ein wichtiger Faktor für unternehmerischen Erfolg, weshalb sich die globalen »Power-Brands« ihre Konzernzentralen und »Flagship Stores« zu regelrechten Markentempeln ausbauen lassen. Inszenierungen internationaler Regiestars in den führenden Theatern und Opernhäusern, die großen Kunstmuseen, aber auch ein lebendiges Klein- und Subkulturleben sind für Städte, Regionen und Staaten vor allem ökonomisch wichtig – das macht sie als Wirtschaftsstandort attraktiv, als begehrte Destination des Tourismus ohnedies.

Schon fragen sich Kulturredakteure gelegentlich, ob die Berichterstattung über manchen Kunstevent ehrlicherweise nicht besser von der Wirtschaftsredaktion übernommen würde.

Keine Firma kann es sich heute mehr leisten, ein Produkt einfach so auf den Markt zu werfen. Das moderne Unternehmen ist ein Kulturunternehmen; der zeitgenössische Kapitalismus, nach einem Wort des amerikanischen Trendforschers Jeremy Rifkin, ein »Kulturkapitalismus«. Eigentlich würde schon die Formulierung, das Image ist so bedeutend wie der Gebrauchswert, zu kurz greifen. Denn oft ist das Image der eigentliche Gebrauchswert. Design ist nicht nur Reklame, die den Verkauf befördern soll, das Design ist das eigentliche Produkt. »Was wir auf dem Markt kaufen«, meint der slowenische Philosoph Slavoj Žižek, »sind immer weniger Produkte und immer mehr Lebenserfahrungen wie Essen, Kommunikation, Kulturkonsum, Teilhabe an einem bestimmten Lebensstil«[6]. Die materiellen Objekte sind lediglich »Requisiten« dessen, was eigentlich verkauft wird.

Es ist das Geschäftsmodell der Firma Nike, das Žižek so perplex machte.

Nike ist das reinste Exempel für eine Firma, die einen Lebensstil verkauft, nicht Produkte. Denn die Güter, die Nike verkauft – etwa die Turnschuhe mit dem berühmten

Swoosh, dem Logo der Firma –, werden von »unabhängigen« Zulieferern in Sweatshops in der Dritten Welt produziert. Sie sind natürlich das Simpelste an der gesamten Operation. Was Nike, also die Unternehmenszentrale, »produziert«, ist im Wesentlichen die Eroberung der Märkte – und das Instrument hierfür ist das Image der Marke. Weder Gebrauchswert noch Qualität des Dinges entscheiden über seinen Erfolg, sondern seine »Kultur«. Ist er Kult, dann läuft er, der Turnschuh.

All das ist nicht vollends neu, wird aber erst nach und nach in seiner gesamten Dimension begriffen. Natürlich hat die Kulturalisierung damit zu tun, dass sich heute viele Dinge in ihrer Gebrauchswertfunktion gleichen – das gilt für simple Produkte wie Waschmittel und Duschgel ohnehin, aber letztlich auch für raffiniertere Güter wie MP-3-Player oder Autos. Den Marktführer iPod unterscheidet von der Konkurrenz ja nicht so sehr, dass er bedienerfreundlicher oder leistungsstärker als seine Rivalen wäre, sondern dass es hip ist, zur iPod-Community zu zählen. Diese Hipness lässt die Apple-Kassen klingeln, und zwar nicht nur deshalb, weil der Technikkonzern dadurch höhere Preise durchzusetzen vermag, sondern vor allem wegen der viel höheren Marktdurchdringung. Wenn Produkte dagegen mehr auf der Gebrauchswertseite punkten wollen, etwa mit mehr Leistungsstärke, stoßen sie heute oft schnell in die »Sphäre des Unbrauchbaren«[7] (so der Soziologe Gerhard Schulze) vor: Erhöhung der Höchstgeschwindigkeit von Autos in lebensgefährliche Dimensionen, Erhöhung der Lautstärke von Boxen in Dezibel-Sphären, die, tatsächlich genutzt, sofortige Taubheit zur Folge hätten. Oft schaden sogar diese »marginalen Differenzen … der technischen Zweckmäßigkeit«[8], wie Jean Baudrillard feststellte, etwa wenn das originelle Design eines Autos zwar gut aussieht, aber gegen die Normen der Strömungslehre verstößt.

Der amerikanische Werbekritiker Vance Packard, Autor der längst legendären, kanonischen Schrift »Die geheimen Verführer«, kam schon in den fünfziger Jahren zu dem Schluss: »Je größer die Ähnlichkeit zwischen den Produkten, desto geringer ist die Rolle der Vernunft bei der Markenwahl.«[9] Die Vernunft werde gewissermaßen ausgeschaltet, indem die Güter mit produktfernen Charakteristika aufgeladen werden, die die Verbraucher zum Kauf der Marke »verführen« sollen. Dabei ist natürlich fraglich, ob die These vom »unvernünftigen« Kaufakt ganz überzeugend ist, unterstellt sie doch, die Verbraucher seien »in Wirklichkeit« bloß an dem Gebrauchsgut interessiert, ohne zu erwägen, dass sie womöglich gerade die kulturellen Faktoren nachfragen – ob es ihnen, kurzum, nicht eigentlich um die Konsumtion der »Markenidentität« geht, die sie für die Produktion ihrer eigenen Identität nutzen. »Heute«, schreibt der britische Marketingguru Wally Olins, »setzen wir die funktionellen Charakteristika eines Produkts einfach als garantiert voraus, was die Marke auszeichnet, ist ihr Image.«[10] In der entwickelten Wohlstandsgesellschaft kommt es also zu einer »Verschiebung von der Warenproduktion zur Imageproduktion«, wie das Holger Jung und Jean-Remy von Matt, die Gründer der Werbeagentur Jung von Matt, formulieren.[11] Bis hin zu den preiswertesten und banalsten Produkten, so der Berliner Kunsthistoriker Wolfgang Ullrich in seinem Buch »Habenwollen«, in dem er die Funktionsweise der Konsumkultur zu ergründen versucht, »reicht das Bemühen der Hersteller, potenzielle Kunden nicht nur mit einem Gebrauchswert oder einem guten Preis-Leistungs-Verhältnis zu überzeugen, sondern ihnen dank der Warenästhetik eine Identifikationsmöglichkeit zu bieten«[12].

Für die warenproduzierenden Firmen heißt dies, dass der alte Kalauer plötzlich eine eigene, tiefere, ja überlebenswichtige Wahrheit verliehen bekommt: Design oder Nicht-Sein.

Im klassischen Kapitalismus, mochte er auch die Lebenswelten mit seinem Geist, seiner Kultur durchdringen, wurden nicht in erster Linie kulturelle Güter produziert, sondern Gebrauchswerte. Nur dadurch machte die Aufrechterhaltung der Differenz zwischen der Welt der Kultur oder, wenn man so will, der Sphäre der »Werte« und der Welt der Dinge überhaupt Sinn. In der neuesten Etappe der kapitalistischen Produktionsweise, im Kulturkapitalismus also, ist diese Trennung aufgehoben: Kultur ist Kapital. Und vice versa: Kapital ist Kultur. Natürlich kann man kulturpessimistisch Klage führen – über die Totalökonomisierung, die auch die Kultur verdinglicht. Was solche molltönende Rede oft übersieht: Die Folge ist eben nicht nur die Verdinglichung der Kultur, wie allgemein beklagt, sondern gleichzeitig auch die Kulturalisierung der Dinge. Die Marke wird zum Kunstwerk. Das schleicht sich in die Alltagssprache ein und in die Managementdiskurse – sofern diese heute überhaupt noch leicht auseinanderzuhalten sind. Wir kennen alle die Schlagworte: Das »Management by Culture« in den multinationalen Konzernen, das »myth-making« zu Brandingzwecken, die Überhöhung des Wirtschaftens zu »Kaffeekultur«, »Körperkultur«, »Wohnkultur«, »Freizeitkultur« etc.

Totalökonomisierung heißt im Umkehrschluss also auch: Totalkulturalisierung.

Die Zeit, als man noch dem naiven Glauben anhängen konnte, Geschäftserfolg habe etwas mit materiellen Dingen zu tun, ja, als man noch, wie Karl Marx in Anlehnung an David Ricardo, ein »Wertgesetz« formulieren konnte, dem zufolge der »Wert« und folglich auch der »Preis«

eines Produktes sich im Wesentlichen durch die in ihm materialisierte Arbeitskraft bestimme, ist ein für alle Mal vergangen. Gewiss hat dieses Wertgesetz noch in beschränktem Maße, quasi negativ, Gültigkeit – kein Produkt bleibt lange am Markt, wenn seine Produktionskosten seinen Preis übersteigen, und keine Firma bleibt längere Zeit solvent, wenn sie dieses »Gesetz« chronisch missachtet. Aber das ändert nichts daran, dass der »Wert« einer Firma eine zunehmend imaginär-materielle Größe ist: einerseits etwas wolkig, andererseits ganz real. So wird die Liste der internationalen »Top Brands«, gemessen an ihrem Markenwert, seit Jahren von der Firma Coca-Cola angeführt, gefolgt von Microsoft, IBM, General Electric, Intel, Disney, McDonald's, Nokia, Toyota, Marlboro, Mercedes, Hewlett-Packard, Citibank, American Express, Gillette, Cisco, BMW, Honda, Ford, Sony, Samsung, Pepsi, Nescafe, Budweiser, Dell, Meryll Linch, Morgan Stanley, Oracle, Pfizer, J. P. Morgan, Nike ...[13]

Auffällig ist zunächst eines: Hier finden sich Unternehmen, deren Erfolg auf avancierter Technik beruht, traut vereint mit solchen, die an sich recht simple Güter herstellen, Konzerne, die über großes Anlagevermögen und teure Fabriken verfügen, ebenso wie solche, die bloß Abfüllanlagen oder irgendwelche vergammelten Schneidereien brauchen, forschungsintensive Branchen ebenso wie solche, in deren Fabriken einfach Zigaretten gerollt und verpackt werden. Aber allen ist gemeinsam: Sie sind Marken, die jeder kennt. Und das ist ihr eigentliches Kapital. »Der monetäre Wert der Marke Coca-Cola wird auf ca. 70 Milliarden Dollar geschätzt, das waren 2003 über 60 Prozent des gesamten Unternehmenswertes«, schreibt Alexander Schubert über die »Brand Religion«. Dagegen ist das »materielle Anlagevermögen des Konzerns mit gut 10 Milliarden Dollar verschwindend gering«[14]. Brands, also die Identifizierung eines Produktes mit einer Marke, einem Logo und einem positiven Markenimage, stellen »das wirkliche Kapital einer Company dar«, urteilt deshalb Jean-Noël Kapferer, Professor für Marketing an der HEC-School of Management in Paris.[15]

Der Anteil von Markennamen im Wortschatz eines zweijährigen Kindes beträgt durchschnittlich 10 Prozent, wie Studien ergaben.[16]

Branding, der Begriff kommt übrigens von der bekannten Usance amerikanischer Viehzüchter, ihre Tiere mit glühenden Eisen zu markieren, ist simpel und kompliziert zugleich. Man markiert ein Produkt – oder gleich einen ganzen Konzern – mit einem Image, Werten, Tugenden, Sehnsüchten. Etwa mit Freiheit, mit Lebenslust, mit Gesundheit, mit roher Kraft, mit Natürlichkeit, mit Abenteuergeist, was auch immer – man kann sagen, mit irgendeinem »Anderen« des Kapitalismus, mit dem Gegenteil von berechnender Geschäftstüchtigkeit. Wir wissen alle »irgendwie«, womit die Marke Marlboro verbunden ist – mit dem »Archetypus Cowboy«, wie Mathias Horx schreibt, dieser eigentümlichen Mischung aus alten und neuen Werten. »Er ist der anarchische Spießer, der konservative Rebell, der wir in der Tiefe unserer Seele alle sind: Wir alle wollen Freiheit und Sicherheit, Wildheit und Kontinuität.« Camel wiederum ist mit Stärke und Risikobereitschaft verbunden. Perrier dagegen, ein simples Mineralwasser, ist stark darin, Gesundheit zu repräsentieren. Durch Werbung und Marketing, also durch nichts weiter als durch Kommunikation, wird das Wasser mit »Reinheit, Aktivität und Fitness verbunden«, so Wally Olins: »Es ist primär Kommunikation, die Perrier und andere so erfolgreich macht.«[17]

Gewiss, mit einem ordentlichen Werbeetat kann man beinahe aus jedem nützlichen – und manchmal auch unnützen – Gut ein Kultding machen. Dennoch ist Branding natürlich eine extrem komplexe Operation. Man muss ein Ding mit »Werten« aufladen – »Brand Values« –, ganz ohne Ironie ist in der Marketingliteratur von der »Persönlichkeit« der Marke, vom »Brand Statement« die Rede, von der Notwendigkeit, mit zwei oder drei Wörtern die »Essenz« der Marke zu beschreiben,[18] damit diese sich regelrecht ins Bewusstsein des Publikums einbrennt.

Die Geschäftsregel des Kulturkapitalismus lautet gewissermaßen: Erst gewinnt die Firma den »Bewusstseinsanteil« und dann den »Marktanteil«. Dies funktioniert am besten, wenn jene Begriffe, die die Essenz der Marke beschreiben, auch noch bildlich repräsentiert werden. In einem visuellen Zeitalter muss der Konsument ein Bild von einer Marke gleichsam vor seinem inneren Auge haben, ein Bild, das gewissermaßen »für sich selbst« spricht. Gebraucht wird eine regelrechte »Rhetorik des Bildes«, eine sprachliche Botschaft von der Art einer unsichtbaren »Sprechblase«, wie das Roland Barthes erklärte. Er vertrat deshalb auch die Meinung, dass »es nicht sehr richtig ist, von einer Kultur des Bildes zu sprechen«[19]; schließlich sind die Bilder auch eine Art von Text. Eine Marke ist nur dann erfolgreich, wenn das Markenimage, die »Rhetorik der Marke«, das Produkt selbst und die »Kultur« des Unternehmens übereinstimmen. Da muss alles zusammenpassen, etwa die »Markenpersönlichkeit« des Produkts mit dem Image realer Personen, die für dieses werben. Ein ulkiger Entertainer wie Thomas Gottschalk passt ideal zu Gummibären, wohingegen er für eine distinguiertere Marke, etwa Mercedes oder Joop!, wohl eine glatte Fehlbesetzung wäre (ganz zu schweigen von Whisky oder Haarwuchsmittel).

Ein Unternehmen, das seine Marke mit dem kulturellen Image von Freiheit und Ungezwungenheit im Umgang auflädt, wird deshalb auch Schwierigkeiten bekommen, wenn in seinem Inneren eine autoritäre Kultur herrscht und es im Umgang mit Kunden schroffe Muffigkeit pflegt. Deshalb beschäftigen Unternehmen auch sogenannte »Marken-Evangelisten«, die die Botschaft der Unternehmenskultur in die Firma hinein predigen – oder, wie man heute besser sagt, kommunizieren. Die Mitarbeiter solcher Firmen sind angehalten, auch im Inneren einen ungezwungenen Umgang zu pflegen und ihre Vorstandsvorsitzenden zu duzen. Wenn sie morgens den Posteingang ihres E-Mail-Accounts öffnen, dann finden sie meist unzählige Botschaften folgender Art: »Wir« haben das ungemeine Glück, Frau Soundso als dritte stellvertretende Key Account Managerin gewonnen zu haben, daher können »wir« jetzt mit noch mehr Schwung und Engagement als ohnehin bereits vorhanden die gemeinsamen Anstrengungen zur weiteren Verbesserung der Präsenz der Marke in diesem oder jenem umkämpften Markt noch intensivieren und so weiter und so fort.

So erhielten im vergangenen Herbst alle Mitarbeiter eines Medienmultis ein Schreiben vom Vorstandschef, das hier auszugsweise wiedergegeben werden soll:

Liebe Kolleginnen, liebe Kollegen,
die Medienwelt befindet sich im Wandel, und auch ... muss sich verändern ...

Aus diesem Grund haben wir in diesem Jahr unser Programm »Expand your Brand« gestartet. ... Vision und Mission wurde im Vorstand und dann in Diskussionsrunden mit Führungskräften ... beraten. ... Diese Mission haben wir auf ein verkürztes Statement gebracht: Life Enriching Media. ...

Die neu formulierte Vision und Mission zeigt, dass ... sich weiterentwickelt. Sie soll uns inspirieren und nach außen signalisieren, dass wir uns verändern. Wir werden uns bewegen, wir werden die Herausforderungen annehmen. ... Denn bei ... arbeiten kreative Menschen, die das, was sie tun, lieben, und die für Veränderungen bereit sind.

Mit freundlichen Grüßen

...

Die Brandingapostel sind oft ideologisch derart verbohrt, dass ihnen nicht einmal mehr auffällt, wie komisch sie sind. Dass der Begriff »Life Enriching Media« normale Menschen sofort an Urananreicherung denken lässt – und somit keineswegs erfreuliche Assoziationsketten auslöst –, kommt daher auch dem Spitzenmanager nicht einmal in den Sinn. Dabei ist, was sich die Medienmacher überlegt haben, gar nicht so dumm: Sie haben sich mit dem simplen und leicht einsehbaren Sachverhalt beschäftigt, dass sich Nachrichten- und Infotainment-Magazine verändern müssen, wenn immer mehr Menschen die wesentlichen Informationen aus den Online-Medien beziehen. Dann muss die normale News-Story, die bis heute in den gedruckten Magazinen ihren fixen Platz hat, aus diesen nach und nach verschwinden und durch Geschichten ersetzt werden, die über einen – erzählerischen, literarischen, essayistischen, reporterischen, analytischen oder unterhaltenden – Mehrwert verfügen. Nur dann werden Menschen, die die einfachen Fakten schon kennen, weiter zu den Magazinen greifen. Doch gewohnt, sich nur mehr im pompösen Marketing-Neusprech an seine Leute zu wenden, schrieb besagter Vorstandschef Sätze auf, die bei den Mitarbeitern für nichts als Kopfschütteln sorgten. Die meisten verstanden nicht einmal, was der Typ von ihnen will. Sie begriffen nur, dass sie sich verändern sollen.

Um es deutlich zu sagen: Die Predigten, die die »Marken-Evangelisten« in Richtung der Belegschaft halten, erinnern halb an Gehirnwäschetechniken, wie man sie aus dem Sektenwesen kennt, halb an die kuriosen Parolen, wie sie im Sozialismus alltäglich waren (»Mit Freude und Solidarität den Plan übererfüllen«). Man fügt endlos mäandernde Abfolgen modischer Vokabeln aneinander, und es ist unerheblich, was die Satzungetüme bedeuten, solange sie nur modern klingen. Das wirkt alles skurril – und ist es zweifelsfrei auch –, verweist aber darauf, dass Branding eine komplizierte, ja gefährliche Sache ist. Erfolgreiche Brands sind in der Regel mächtig und wertvoll, doch zugleich sehr verletzlich. Verschlafen sie Veränderungen, sind sie uncool und bald out. Und wer gegen die »Kultur« des Unternehmens, die »Brand Values« handelt, gefährdet dessen Erfolg, dessen Wert. Denn wenn nicht so sehr das Anlagevermögen zählt, also der materielle Besitz des Unternehmens nicht wesentlich zu Buche schlägt, sondern vor allem das »Markenimage«, dann gibt es natürlich nur eines, worauf es seinen Erfolg bauen kann: auf seine Reputation; auf Vertrauen. Darauf, dass die Menschen das haben wollen, was es repräsentiert. Im Extremfall »besitzt« ein Unternehmen nicht viel mehr als das Patent auf eine Getränkeformel (wie Coke) oder ein Markenlogo (wie Nike) und das intellektuelle Kapital seiner Mitarbeiter (wie die meisten Medienunternehmen) – sowie natürlich die akkumulierten und institutionalisierten Erfahrungen, die garantieren, dass die Marketing-Maschinerie gut geölt funktioniert. Der hauptsächliche »Besitz« der Firmen besteht somit aus imaginären Werten, zu deren Kernbestand das »Image« zählt, und wird dieses beschädigt, kann der reale Wert des Unternehmens schnell ins Bodenlose fallen.

Ist aber das Markenprodukt als Kulturware erfolgreich positioniert, die Marke als Kulturgut gefestigt, dann ist dieser Wert auch auf andere Produkte übertragbar. Deshalb auch der Trend zu dem, was Marketingexperten »Brand Extension« nennen, der Verbindung des Markenwerts mit anderen Gütern, die dadurch ihrerseits wertvoll werden. Aus diesem Grund produzieren Zigarettenfirmen plötzlich Schuhe oder Kleidermode, Autofirmen Sonnenbrillen oder ähnliches – deshalb also Marlboro-Kleidung, Camel-Schuhwerk, Porsche-Uhren. Das, was die Zigarettenmarke Marlboro repräsentiert, repräsentiert dann auch die Hose mit dem Marlboro-Logo: Natürlichkeit, Coolness, Wildheit. Und der Camel-Schuh wird wohl eher nicht von Leuten getragen, die sich gerne als sensible Typen sehen, sondern in der Regel von solchen, die lieber harte Kerle wären. Die Produkte ordnen sich der Identität der Marke, der »Markenpersönlichkeit« unter. Deswegen wären auch Marlboro-Softdrinks oder Camel-Tampons eher unvorstellbar.

Für die Marke gilt, was Walter Benjamin für das Kunstwerk formulierte – was sie stark macht, ist ihre Aura. Freilich wird Benjamins These von der Markenaura auch ad absurdum geführt. Denn die Aura – die Benjamin auf die Einzigartigkeit des Kunstgegenstandes zurückführte – entsteht heute, wie Klaus Theweleit trefflich darlegte, »besonders dann, wenn es diesen Gegenstand millionenhaft gibt. Je mehr ›copies sold‹, desto größer die Aura«. Nur gibt es heute für Aura ein anderes Wort, und zwar »Kult«.[20]

Im Kapitalismus, der weitgehend vom Konsum am Laufen gehalten wird – »Consumer Capitalism« nennt die angloamerikanische Soziologie jene bisher höchste Phase dieser Gesellschaftsordnung auch gerne – , geht es also darum, Waren in den Rang eines Fetischs zu erheben. »Eine Marke ist durchgesetzt dann und nur dann, wenn sie den Charakter eines Fetischs angenommen hat«[21], also, wenn sie ein eigentümliches Eigenleben entwickelt, die Sehnsüchte der Konsumenten mobilisiert, ihre Träume kolonisiert. Nie war die berühmte Wendung Karl Marx' aus dem ersten Kapitel des »Kapital« so wahr wie heute: »Eine Ware scheint auf den ersten Blick ein selbstverständliches, triviales Ding. Ihre Analyse ergibt, dass sie ein sehr vertracktes Ding ist, voll metaphysischer Spitzfindigkeit und theologischer Mucken.« Schon ein Tisch, so Marx, »entwickelt aus seinem Holzkopf Grillen, viel wunderlicher, als wenn er aus freien Stücken zu tanzen begänne«. Was hätte Marx wohl über eine Louis-Vuitton-Tasche, einen schnittigen Lamborghini oder eine Jeans zu sagen gehabt, die, um den Verkauf zu fördern, von den Schneidern, die sie zusammennähen, zunächst beschädigt werden muss, weil das in manchen Jugendkulturen als hip gilt? Die Waren, so Marx, entwickeln ein Eigenleben, obwohl sie von Menschenhand gemacht sind, schwingen sich zum Beherrscher der Wünsche derer auf, die sie herstellen. »Dies«, so Marx, »nenne ich den Fetischismus.«

Wie der Fetisch früher Kulturen ist auch die Ware ein von Menschen produziertes Ding, das sich nicht in seiner Dinghaftigkeit erschöpft, sondern mit Kultur begabt ist und fähig, seinen Schöpfer zu beherrschen. Das war immer schon so, gewinnt aber eine neue Qualität in einer Zeit, in der der Aufwand, der für die Massenproduktion von Gütern nötig ist, immer mehr sinkt, und die Beschäftigung in Bereichen wie Kommunikation, Design, Kreativität, Information, Werbung, Marketing, Dienstleistung immer mehr zunimmt – in der es also einen Überfluss an Dingen gibt und ein Gutteil der menschlichen Kreativität und der Wirtschaftsaktivität darauf verwandt wird, in praktischer Hinsicht ununterscheidbare Güter subjektiv durch »Kultur« unterscheidbar zu machen. Das erst berechtigt, von einem veritablen »Kulturkapitalis-

Ein Stapel Hemden?
Nein, ein ästhetisches Erlebnis!

mus« zu sprechen. Dies macht es aber auch notwendig, sich darüber Gedanken zu machen, was das Neue an diesem »Kulturkapitalismus« ist – auch und vor allem, was er mit den Menschen anstellt. Wobei schon hier dazu gesagt sei, dass die simple kulturkritische Pose unangebracht ist, ist der »Kulturkapitalismus« doch nicht das Andere des Menschen, der mit »den Menschen« etwas anstellt – er ist von Menschen gemacht, die deshalb genau gesprochen »mit sich« und ihresgleichen etwas anstellen. Wenn aber verkaufen heute heißt, »im gleichen Maße Image wie Produkte zu verkaufen« (»Image as much as products«), wie Hiromi Hosoya und Markus Schaefer schreiben, dann ist die entscheidende Frage ja die: Was genau wünschen die Menschen zu erwerben, wenn sie ein kulturalisiertes Produkt kaufen? Was genau wird da an Kultur »erworben« in einem emphatischen Sinn?

Bevor wir uns dem im nächsten Kapitel zuwenden, müssen freilich noch ein paar Worte über eine ebenso lange wie unergiebig diskutierte Chose verloren werden, über die Frage nämlich: Was ist Kultur? Der Begriff »Kultur« ist ja einer der am wenigsten trennscharfen Begriffe, die wir Menschen zur Verfügung haben. Kultur hat einen extrem engen und einen extrem weiten Sinn. Kultur beschreibt hohe Kunst und gleichzeitig nahezu alles, was wir Menschen so tun – vorausgesetzt, wir könnten es auch auf andere Weise tun. Kultur beschreibt also auch Verhaltensweisen, die auf einer imaginären Topik ganz weit oben, und welche, die ganz weit unten angesiedelt sind – wer einer Beethoven-Sonate lauscht, der hat »Kultur«, wohingegen man auch sagt, es ist Teil der italienischen Kultur, im Hocken die Toilette zu benutzen, während es zur deutschen Kultur zählt, selbiges im Sitzen zu erledigen. Kultur hat zweifelsfrei, wer Konflikte auf maßvolle und zivilisierte Weise regelt, aber wer, etwa im Irak, seinem Nachbarn den Hals durchschneidet, der tut das bisweilen auch zur Verteidigung seiner »Kultur«.

Beide Kulturbegriffe haben etwas für sich und werden in der Folge auch gebraucht. Was sie verbindet, ist, dass sie zum Ausdruck bringen, dass unser Tun in aller Regel kein simples, voraussetzungsfreies Tun, sondern mit Bedeutung aufgeladen ist – auch wenn der Einzelne davon oft selbst nichts weiß. Kulturalisierung heißt, dass heute praktisch alles, was getan wird, mit Bedeutung versehen ist, und dass immer mehr, was bisher »Kultur« in einem allgemeinen Sinn war, mit mehr Bedeutung versehen wird, so dass es mehr und mehr »Kultur« im engeren Sinn wird. Das heißt nicht, dass wir alle Künstler sind, aber dass die vorsätzliche, strategische Verbindung von Alltagshandlungen mit artifiziellen, ästhetischen kulturellen Gesten in den vergangenen Jahrzehnten stark zugenommen hat. Um dies noch einmal am Beispiel von Gebrauchsgütern zu sagen: Produkte waren immer schon in einem allgemeinen Sinn »Kultur«, als sie eine Art, Probleme zu lösen, Natur zu beherrschen oder Wünsche zu stillen, in eine bestimmte Technik verwandelten – ein Produkt, das nicht »kulturell« in einem solchen schwachen Sinn wäre, ist schlechterdings nicht vorstellbar. Das genau unterscheidet ein Produkt ja eben vom Rohstoff. Aber heute werden Güter immer mehr mit Bedeutung aufgeladen, die über diesen simplen Sinn von »Kultur« hinausgehen. Und damit werden sie zu »Kulturgütern« in einem emphatischen Sinn.

Verharren wir noch einen Augenblick bei dem erstaunlichen Faktum, dieser eigentümlichen wechselseitigen Osmose von Ökonomie und Kultur, die den führenden Kulturtheoretikern der Welt seit mittlerweile zwanzig Jahren auffällt. Der postmoderne Kapitalismus, formulierte der große amerikanische Theoretiker Fredric Jameson schon

Ende der achtziger Jahre, ist von einer kulturellen Logik bestimmt. »Das Kulturelle und das Ökonomische kollabieren gleichsam ineinander und bedeuten dasselbe«[22], behauptet er gar. Wirklich alles – wirtschaftliche Werte, die Städte, die Natur, unsere Gefühle – verwandelt sich in Bilder, Images und wird »kulturell in einem noch recht untheoretisierten Sinn«[23]. Häuser werden Logos für Architektur, selbst das Liebesleben wird von kulturellen Praktiken bestimmt – was romantisch ist, wissen wir aus dem Hollywoodfilm, und dass eine Reise nach Venedig in Liebesdingen als romantisch empfunden wird, versteht sich auch nicht von selbst, sondern nur vor der Folie kulturellen Wissens. Wir »empfinden« die Reise als romantisch, könnte man sagen, weil wir davon gehört haben, dass wir dabei so empfinden werden. »Das Kulturelle wirkt heute auf die Realität in einem Maße zurück«[24], so Jameson, in einem Ausmaß, dass eine reine, nicht vom Kulturellen geprägte Realität gar nicht mehr vorgestellt werden kann.

Seit den sechziger Jahren, assistiert Jamesons britischer Kollege Terry Eagleton, wurde »Kultur mehr und mehr entscheidend für den Kapitalismus, so dass beides heute praktisch ununterscheidbar geworden ist«.[25] Und Stuart Hall, einer der führenden Köpfe der gegenwärtig so modernen »Cultural Studies«, sieht in der Kulturalisierung des Ökonomischen ein Symptom für die unerhörte innere Landnahme des Kapitalismus, »eine unglaubliche Erweiterung von Bereichen, die bisher nicht der Warenform unterworfen waren«.[26] Hall weiter: »Wenn es so etwas wie ›Postfordismus‹ gibt, ist er ebenso gut die Beschreibung einer kulturellen wie einer ökonomischen Veränderung. Die Unterscheidung selbst wird ziemlich nutzlos. Die Kultur ist nicht mehr (falls sie es jemals war, was ich bezweifle) eine dekorative Zugabe zur ›harten Welt‹ der

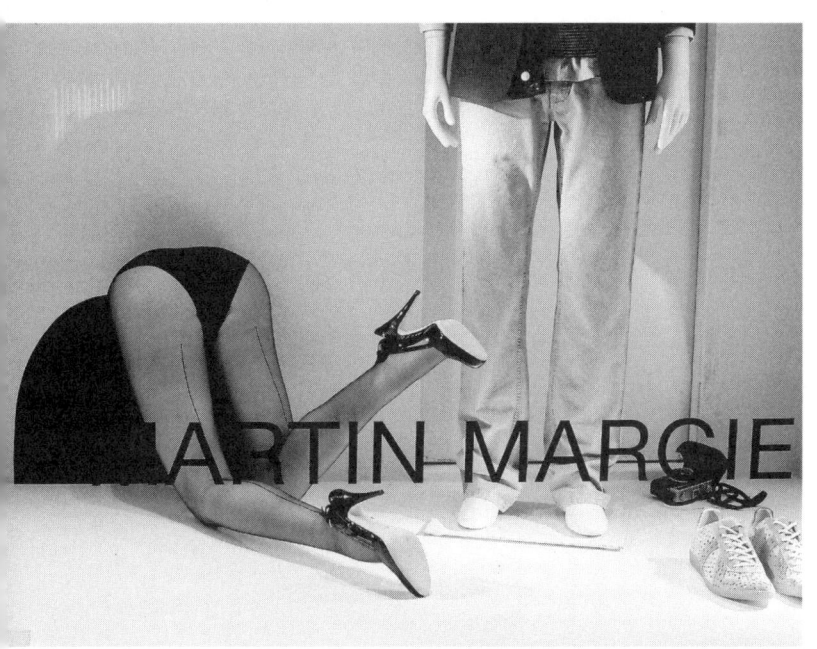

MARTIN MARGIE

Werbung ist Wunschverfertigung und -erfüllung.
Aber was genau ist hier der Wunsch?

Sachen und der Produktion, die Sahnehaube auf der materiellen Welt. ... Mittels des Designs, der Technologie und der Produktion von Stil hat die ›Ästhetik‹ bereits die Welt der modernen Produktion durchdrungen. Durch Marketing, Layout und Stil stellt das ›Bild‹ den Modus der Repräsentation des Körpers und seine fiktionale Verwandlung in eine Erzählung her, von der ein großer Teil der modernen Konsumtion abhängt. ... Die materielle Welt der Waren und Technologien ist zutiefst kulturell.«[27]

Wenn wir Waren kaufen, kaufen wir also nicht nur das mit, was sie kulturell repräsentieren – wir kaufen in erster Linie die Ware als Kulturware. Weil sie, wie wir in einem solchen Fall gerne sagen, »zu uns passt« – oder wir zu ihr passen. Genauer: Weil wir uns gerne als jemanden sehen wollen, zu dem sie passt – oder weil wir gern so jemand werden wollen. Weil wir uns mit dem Kauf der Kulturware ein Stück weit selbst »erwerben«. Beim Konsum im Kulturkapitalismus geht es also ganz primär um Identität. Um uns mit diesem Umstand näher zu beschäftigen, müssen wir uns jener Aktivität zuwenden, die heute die gesellschaftliche Aktivität schlechthin ist, die Art, uns mit der sozialen Welt in Beziehung zu setzen – dem Shopping.

2. Was ist Shopping?

Warum der Konsument im Konsumkapitalismus
nicht nur Waren erwirbt – sondern mit diesen
auch sich selbst, seine Identität.

»Ich schlief gerne mit April«, berichtet Jolo, der Protagonist aus Joachim Lottmanns Pop-Roman »Die Jugend von heute« über die sexuelle Routine mit seiner Freundin, »auch wenn jede Bewegung, jede Geste, jede Sekunde von der Werbung und von den Medien vereinnahmt war und somit nicht mehr mir gehörte. Ich lieh mir diese Stunden von der Werbung, und sie gefielen mir trotzdem.« Eine schöne Sentenz, in der anklingt, wie unsere Gefühlswelt von der Kommerzwelt überwuchert wird. Denn auch die Romantik kann konsumiert werden, wie die Jerusalemer Soziologin Eva Illouz so überzeugend gezeigt hat: Keine Liebe ohne den Konsum von Romantikwaren – zu zweit ins Kino, das Candlelight-Dinner im Restaurant, der Wochenendtrip zu Destinationen, die nach allgemeiner Auffassung mit Romantik verbunden sind, und natürlich die rote Rose aus dem Blumenladen für die neue Flamme. Jedes Erlebnis ist entlang vorfabrizierter Bilder modelliert. So wie Erfahrungen von Waren produziert werden, so sind alle Praktiken von einer »konsumorientierten Mentalität durchdrungen«[28]. Und dabei ist die »romantische Liebe« nur ein spezieller Aspekt des sozialen Lebens, dessen Fabrikation mit Hilfe kommerzialisierter Bilder uns jedoch besonders abstoßend erscheint – schließlich gilt uns Liebe, erotische Anziehung, dieses eigentümlich kopflose »dem Andern Verfallen« als das veritable Gegenteil der kalten Rationalität der Wirtschaftswelt. Doch »die moderne romantische Liebe ist alles andere als ein vor dem Marktplatz sicherer ›Hafen‹, sondern vielmehr eine Praxis, die auf's Engste mit der politischen Ökonomie des Spätkapitalismus verbunden ist«, resümiert die Soziologin der Liebe, Eva Illouz. In anderen Sphären unserer sozialen Existenz sind wir eher geneigt, den Zusammenhang von Konsum und Identität anzuerkennen. »Kleider machen Leute«, sagt eine alte Wendung, und wenn früher damit der simple Umstand gemeint war, dass man einer elegant gekleideten Person als einem Menschen entgegentritt, dem Achtung und Respekt gebührt, so hat sich der Subtext dieser Sentenz heute ausdifferenziert. Kleider, Einrichtungsgegenstände, alltägliche Accessoires repräsentieren den persönlichen Lebensstil und machen ersichtlich, welch eine Person derjenige sein will, der sie erwirbt und benützt. Die Güter, die den persönlichen Stil repräsentieren, nützen wir, um uns von Anderen abzugrenzen, aber auch, um uns mit Anderen zu verbinden. Wir erwerben uns gewissermaßen selbst, wenn wir etwas erwerben, wir kaufen uns eine Identität zusammen und entscheiden uns für die »Stilgemeinschaften«, denen wir angehören wollen, so dass man, wie der Soziologe Gerhard Schulze schreibt, überall auf Personen stoßen kann, »die man zwar nicht kennt, die einem aber schon wegen ihres Konsumverhaltens bekannt vorkommen«.[29]

Der Konsument im Konsumkapitalismus fragt deswegen auch gerade den kulturellen Charakter der Gebrauchsgegenstände nach – im Extremfall sogar, obwohl er das Produkt gar nicht braucht; oft, weil er es höchstens in einem sehr weiten Sinn »braucht« – er könnte gut auch ohne leben; nicht selten will er Dinge besitzen, von denen er kurz davor noch nicht einmal wusste. Es wäre auch vorschnell, zu sagen, dass er Produkte ob ihrer Warenästhetik erwirbt, weil diese zu seinem persönlichen Lebensstil passen, gewissermaßen zu seinem »Selbst« – nicht zu Unrecht weist Schulze darauf hin, dass »das Selbst zumindest teilweise über ästhetische Handlungen erst konstruiert wird und sich mit dem Stil ändert«.[30] Das Selbst ist also nicht vor den Produkten da, sondern wird mit deren Hilfe erst modelliert.

Denkt man beim Spruch »Kleider machen Leute« stets an den Kaiser aus dem Märchen und den Ruf »Der Kaiser ist nackt«, so ist der nackte Kaiser aber immer noch ein Kaiser – der Dandy, der coole Typ, der Yuppie dagegen ist ohne die äußeren Attribute der Dandy-, Coolness- oder Yuppiewelt aber kein Dandy, kein cooler Typ, kein Yuppie mehr. Der nackte Yuppie ist kein nackter Yuppie, er ist ein Nackter.

Wolfgang Ullrich erzählt in seinem Buch »Habenwollen« die hübsche Episode einer Kunstaktion in München. Ein schöngeistiger Unternehmer lädt dort regelmäßig Künstler zu »etwas anderen« Installationen ein – sie sollen seine Wohnung für einen Abend zu einer Galerie machen. Die Künstlerin Stephanie Senge stellte ihren Abend unter das Motto »Hurra, wir ziehen zusammen« und räumte Gebrauchsgegenstände aus ihrer Wohnung in die Regale des Kaufmanns. In der Küche: ihre Tassen neben denen des Gastgebers. Im Bad: ihre Zahnbürste und Hygieneartikel. Überall: eine wilde Mischung. Der Kaufmann hat ein Faible für Minimalismus, die Künstlerin steht auf grelle Farben und fröhliche Formen. Sofort fragten sich die Gäste, wenn auch in diesem Fall spielerisch: Kann das gut gehen? Können zwei derart unterschiedliche Menschen zusammenpassen? Damit hatte die Künstlerin ihr Ziel schon erreicht. Die Zuschauer richteten ihr Augenmerk auf den »weichen« Lifestyleaspekt der Sachen, getragen von der Überzeugung, »dass in den Dingen, mit denen sich Menschen umgeben, ihre Persönlichkeit zum Ausdruck kommt«.[31]

»Brands repräsentieren Identität«, proklamiert Wally Olins.[32] Freilich: Brands, also stark mit Kultur aufgeladene Marken, tun das lediglich auf eine besonders starke Weise. Denn auch das No-Name-Produkt oder die abgefuckte Secondhand-Ware taugt zur Konstruktion von Identität – oft sollen gerade sie demonstrativ zum Ausdruck bringen, dass sich der, der sie erwirbt, um den Mainstream und den konsumistischen Herdentrieb nicht schert, er also ein besonders eigenständiger Charakter ist. Genau besehen, ist also auch das ostentative Nicht-Konsumieren nur ein besonders exaltierter Konsumstil. Wie immer man es dreht und wendet: Wir sind, was wir kaufen (oder eben nicht kaufen).[33] Es gibt also gar nicht so leicht einen Ausweg aus dem konsumistischen Universum, so dass man mit einigem Recht sagen kann: Was immer wir tun, wir shoppen. »Nicht nur, dass Shopping mit allem verschmilzt, alles verschmilzt auch mit Shopping«, schreibt Sze Tsung Leong in »Harvard Design School Guide to Shopping«[34], und von Rem Koolhaas, dem niederländischen Stararchitekten, ist der Satz überliefert: »Shopping dürfte wohl die letzte noch übrig gebliebene Form öffentlicher Aktivität sein.« Shopping ist die Aktivität, sich »zu einer marktförmigen Welt«[35] in Verhältnis zu setzen.

Man könnte also annehmen, dass Shopping zu einer sozialwissenschaftlichen Kategorie wird, zu einer Kategorie zumal, die gerade deshalb produktiv ist, weil sie unscharf ist: Sie bezieht sich auf ökonomische Aspekte ebenso wie auf psychische, auf urbanistische ebenso wie auf technologische. Doch bedenkt man die Bedeutung, die Shopping für die Formung unseres (inneren) Ich und unserer (äußeren) Lebenswelten ohne jeden Zweifel hat, ist Shopping ziemlich untheoretisiert. Shopping ist wie ein weißer

Fleck auf der globalen Kartographie des Wissens. Eine Art Tabu – ernsthafte Denker scheuen sich, es anzurühren, besorgt, sie könnten sich mit dem Simplen, Oberflächlichen, allzu Alltäglichen beschmutzen. Nachdenken über Shopping gilt als niedere Kunst, die der Gebrauchsliteratur überlassen wird, den Ratgeber schreibenden Spezialisten, die sich mit Schaufenstergestaltung beschäftigen, oder den Forschern, die nützliches Wissen zusammentragen. Leuten wie Paco Underhill etwa, dem Autor von »Why We Buy: The Science of Shopping«, der weiß, dass Käufer durchschnittlich 11,27 Minuten in einem Shop verbleiben, Nichtkäufer dagegen nur 2,36 Minuten, und der das Gesetz entdeckt hat, dass sich Shopper nach dem Betreten eines Geschäfts zunächst nach rechts wenden (woraus Innenarchitekten und Händler ihre praktischen Schlüsse ziehen).

Was aber das Entstehen einer »konsumistischen Mentalität« eigentlich bedeutet, ist wenig beleuchtet. Im Diskurs über Globalisierung, beispielsweise, wird aller Ton auf internationale Arbeitsteilung gelegt, darauf, dass Autos in Deutschland entworfen, in Spanien zusammengeschraubt, in China verkauft werden und die Firmenbuchhaltung möglicherweise in Kalkutta besorgt wird, und dass die Shareholder des Unternehmens global agierende Investmentfonds sind, die ihre Einlagen zwischen Arkansas und Asunción einsammeln und im virtuellen Raum »in Echtzeit« durch irgendwelche Glasfaserkabel jagen. Viel weniger Worte werden aber darauf verwendet, dass eine globale Power-Brand nur dann erfolgreich ist, wenn ihr Markenimage sowohl in Ulm wie in Ulan Bator als erstrebenswert gilt, wenn man mit ihr einen Lifestyle (mit) zu erwerben wünscht – dass es also so etwas wie eine Globalisierung der Gefühle und Sehnsüchte geben muss und ein globales Verständnis der Zeichensprache, mittels derer eine Ware

39

mit den Konsumenten kommuniziert (was natürlich nicht ausschließt, dass eine Zeichensprache, die global expandiert, nicht auch zu Missverständnissen einladen kann). Über Shopping zu theoretisieren hat, in intellektuellen Zirkeln jedenfalls, den strengen Hautgout jener eigenartigen kulturwissenschaftlichen Leichtfüßigkeit, die von sinnarmer Beliebigkeit manchmal nicht leicht zu unterscheiden ist und auch eine Sozialgeschichte der Klobrille hervorzubringen vermag. Besser also, man verliert nicht allzu viele Worte über Shopping, ansonsten besteht Gefahr, dass man für einen dieser Flachdenker aus dem Popliteratenecke gehalten wird.

Dabei ist der Konsumismus nicht nur die wohl bedeutendste Kraft, die unsere Lebensumwelt – etwa das Aussehen unserer Städte, der Vorstädte – formt, sondern auch ganz entscheidend unsere innere Lebenswelt. Dass die Menschen »ihren ästhetischen Ausdruck bei den Waren« entlehnen, hat schon Wolfgang Fritz Haugg 1970 in seiner »Kritik der Warenästhetik«[36] festgestellt. Man kann in kulturpessimistischer Absicht auch, wie das Pier Paolo Pasolini in seinen »Freibeuterschriften« tat, von einer regelrechten »anthropologischen Mutation«[37] sprechen – für Pasolini hat das westlich-hedonistische Kulturmodell die Menschen gleichsam ummontiert, bis ihre gesamte »körperlich-mimetische Sprache« lautete: »Die herrschende Macht hat beschlossen, dass wir alle gleich sein sollen.«[38] In jedem Fall ist eine »konsumistische Mentalität«, die im Shopping ihre paradigmatische Aktivität findet, unbestreitbar.

Will man diese Mentalität beschreiben, dann stößt man schnell auf oft erwähnte Charakteristika, die da wären: diese schwer definierbare Unersättlichkeit, der Umstand, dass der Erwerb nicht satt macht, sondern nur den Appetit anregt; jene Art des Begehrens, wie sich im Anschluss

Eine globale Zeichensprache für alle Kulturen.
Coca-Cola-Werbung in Bangkok

41

an den französischen Psychoanalytiker Jacques Lacan sagen ließe, die das begehrte Objekt nie in ihren Besitz zu bringen vermag; das Steigerungskalkül und die vielen Strategien, den »Lustgewinn« auf Dauer zu stellen, wie man sie ansonsten eher aus der Drogenszene kennt; der Verlust eines Bewusstseins der Unverfügbarkeit und dessen Ersatz durch eine »immanente Glückserwartung«[39], verbunden mit der Orientierung auf den prinzipiell grenzenlosen Erwartungshorizont, auf den diese vertraut – auf den Markt; der Drang, das Neue durch das Neueste zu ersetzen, der Erlebnishunger, der alle sozialen Aktivitäten durchzieht – nicht nur das Shopping im engen Sinn. Jedes soziale Verhalten trägt schon das Kainsmal der Konsumorientierung auf der Stirn. Es ist nicht schwer, die strukturelle Ähnlichkeit zwischen der Sucht nach immer neuen Produkten und dem Hunger etwa nach Liebeserlebnissen auszumachen, beruht doch, wie Eva Illouz schreibt, der »Konsum auf dem Drang nach Erregung, denn der Kauf und die Erfahrung neuer Waren sind eine Quelle der Freude, und die Affäre befriedigt mit all der Erregung eines neuen Liebhabers diesen Drang ebenso«[40]. Und ist der Trancezustand in den frühen Phasen einer neuen Affäre nicht vergleichbar mit dem, in den der »Fashion Victim« – früher hätte man gesagt: der »Modenarr« – beim Shoppen verfällt? Die Neuheit selbst ist, in den Worten des amerikanischen Ökonomen Tibor Scitovsky, also offenbar »eine äußerst wichtige Quelle der Bedürfnisbefriedigung«. Bevor man beginnt, darüber deprimiert den Kopf zu wiegen, sollte man einen Moment innehalten: Ist das nicht auch Ausdruck von Neugier, regt das Neue nicht die Fantasie an, auch die banalste Neuigkeit wie das neue Handy, das über eine Vielzahl bisher unbekannter Funktionen verfügt, die man zwar nicht braucht, die einen aber amüsieren? Der Soziologe Richard Sennett jedenfalls, der gewiss der leeren Affirmation der kalten Welt der Dinge unverdächtig ist, tendiert eher zu einer solch positiven Sicht der Dinge: »Vielleicht hat auch das Gefühl etwas Befreiendes für sich, die noch durchaus brauchbaren Dinge und Vorgehensweisen seien verbraucht und ausgeschöpft. Ist es denn etwa keine Befreiung, wenn wir im Geiste über Dinge hinausgehen, die wir unmittelbar kennen, benutzen oder benötigen? Konsumleidenschaft ist vielleicht nur eine andere Bezeichnung für ›Freiheit‹«, meint Sennett.[41] Schließlich meint Freiheitserlebnis ja auch das fröhliche Bewusstsein der möglichst unbegrenzten Zahl an Optionen, die uns offenstehen – und wo kann man die derart sichtbar erleben wie auf der Einkaufsmeile? Konnte man je derart widerstandslos und ohne große Mühe Chancen zu neuen Erfahrungen wahrnehmen wie in der Shoppingwelt? War es je für so viele und so leicht möglich, über die engen Grenzen des bisher Erlebten und Bekannten hinauszugehen?

Ohne Zweifel eröffnet der Konsum Erfahrungswelten, die ansonsten verschlossen blieben. Shopping wird zu einer gleichsam universalen Lebenseinstellung, wenn kaum mehr soziale Kontakte vorstellbar sind, die nicht über Konsum vermittelt sind. Wie schwierig und beengend ein gesellschaftliches Leben abseits des konsumistischen Orbits ist, hat die New Yorker Journalistin Judith Levine in einem bemerkenswerten Selbstexperiment ergründet. Sie beschloss eines Tages, nur mehr das »Nötigste« einzukaufen – dazu zählten für sie die *New York Times*, ihr Internetzugang und Futter für ihre diabetische Katze. »Wein, französischer Öko-Kaffee und Fitness-Studio dagegen nicht. Auch Kino, Süßes, CDs, Bücher waren verboten«, berichtet die *Süddeutsche Zeitung*[42]. Über dieses kurzweilige, doch sehr frustrierende Experiment hat sie in ihrem Buch »Not Buying It« berichtet.

»Wenn mir dieses Jahr etwas beigebracht hat«, schreibt Levine, »dann das: Ja, auch ich bin ein Shopper.« Wenn man kein neues Lokal kennenlernt, keine Zeitschrift durchblättert, kein Kino besucht, hat man nichts mehr, worüber man mit seinen Freunden noch reden kann – was Gott sei Dank nicht stört, da man sie ohnehin kaum mehr trifft, wenn selbst der Besuch der nächsten Eckkneipe verboten ist. Dabei lebte Levine natürlich nicht in strenger Abgeschiedenheit. Nur nahm sie keine kommerziellen Angebote mehr wahr – die städtische Bücherei, Kinovorführungen, die gratis waren, frequentierte sie umso häufiger. Und dennoch ihr Resümee: »Außerhalb der Konsumwelt zu existieren bedeutete, in einer parallelen Realität zu leben, die mit der meiner Freunde und Kolleginnen nichts gemeinsam hatte.« Diese Erkenntnis, die für Langzeitarbeitslose gewiss nicht völlig neu ist, findet sich in ihrem amüsanten Buch – das man jetzt auch auf Deutsch kaufen kann.[43]

Es ist, sagt der Frankfurter Sozialphilosoph Axel Honneth, »heute kaum mehr vorstellbar, dass Individuen zu einer sozialen Identität gelangen, ohne diese in einem Ensemble persönlich konsumierter Güter auszudrücken«.[44] Die These, dass Shopping die zeitgenössische Form ist, sich in Verhältnis zu unserer sozialen Umgebung zu setzen, ist also nicht nur deshalb plausibel, weil wir über den Kaufakt Puzzleteile unserer Identität zusammenkaufen, sondern weil mit den Gütern auch Erlebnisse erworben werden, ja, weil Erlebnisse selbst heute am Markt gehandelt werden – Erlebnisse, die wir meist mit Anderen teilen (von ein paar, häufig schlüpfrigen, Ausnahmefällen abgesehen, wie etwa den ebenso zweifelhaften wie solitären Vergnügungen in den Videokabinen der Pornokinos). Auch materielle Güter betonen bei dem Appell an den Verbraucher immer stärker »den Erlebniswert der Angebote« (Schulze). Das gilt für Autos, die ein einzigartiges »Fahr-

erlebnis« versprechen, und noch mehr natürlich für Angebote, die materiell im strengen Sinne gar nicht erworben
werden können, sondern die nur mehr als Erlebnis erwerb-
bar sind: für den Tourismus, für den Nachmittag im Spaßbad, für das Rockkonzert. Ist das Erlebnis gekauft und
konsumiert, hat der Verbraucher nichts, gar nichts, allenfalls die Erinnerung an ein, hoffentlich eindrucksvolles,
Erlebnis. Werner Schulze hat deshalb nicht zufällig sein
soziologisches Standardwerk »Die Erlebnisgesellschaft«
genannt. In diesem unterscheidet er innenorientierte und
außenorientierte (Konsum-)Motivation. Bei der ersten
Variante wird nur konsumiert, damit im »Inneren« des
Konsumenten »etwas« passiert; beim außenorentierten
Konsum zählen psychische Faktoren überhaupt nicht, sondern nur der praktische Gebrauchswert. So gesehen, resümiert Schulze, sei der Markt für Investitionsgüter das
letzte Reservat von Wirtschaftsbeziehungen, für deren
Verständnis es genügt, außenorientierte Motivationen zu
untersuchen, ansonsten falle es schwer, noch irgendwelche
Angebote ausfindig zu machen, deren Konsum überwie-
gend außenorientiert motiviert wäre – »von Schuhcreme,
Kochsalz, Blumendünger und ähnlichen Nebensächlich-
keiten abgesehen«[45]. Meist mischen sich außenorientierte
und innenorientierte Komponenten, »wobei die Bedeutung des innenorientierten Komplexes in den letzten
Jahren gewachsen ist«. Mit dem Akt des Shoppings gönnen wir uns immer auch etwas vom Erlebnismarkt.

Deswegen ist die werbekritische Attitüde auch nicht
wirklich überzeugend, die glaubt, mit dem Hinweis, der
Konsument würde durch die Suggestion eines Erlebnisses
oder durch die Aura einer Marke zum Erwerb verführt, sei
schon irgendetwas Wesentliches oder gar Kritisches gesagt. Was denn, wenn der Konsument, der viel bewusster
ist, als die Kulturkritik unterstellt, gerade diese Suggestion

haben will? Schulze: »Der rationale Erlebniskonsument wehrt sich nicht etwa gegen Suggestionen ..., sondern er fragt sie nach: den Ruhm des Virtuosen, den Massenandrang zum Rockkonzert, die aktuelle Etabliertheit modischer Details im eigenen Milieu, die Absegnung eines Films als ›Kultfilm‹ ..., die Definition des Erlebnisgehalts von Angeboten durch Werbung, die Erzeugung einer Aura von Besonderheit durch exorbitante Preise.«[46] Der Konsument wird ja nicht durch die behauptete Aura zur Konsumtion eines bestimmten materiellen Produktes verführt, an dessen Materialität er zuvorderst interessiert wäre – was er will, ist ja gerade die Teilhabe an der behaupten Aura. Schulze: »Für den innenorientierten Konsumenten gilt, dass sein Konsumzweck erreicht ist, wenn er ein Erlebnis hat. Unbrauchbar sind die Begriffe von Lüge und Wahrheit, wo es im Einvernehmen aller Marktteilnehmer primär darum geht, dem Endverbraucher gewünschte psychologische Prozesse zu verschaffen. Unter diesen Bedingungen gilt: Je wirksamer die Suggestion, desto besser das Produkt. Der Glaube des Abnehmers an zugesicherte Eigenschaften der Ware lässt die zugesicherten Eigenschaften überhaupt erst entstehen.«[47] Der emotionale Mehrwert ist die eigentliche ökonomische Größe. Erlebnisse, sogar Atmosphären, werden »zu marktgängigen Gütern«[48].

Es ist eine vertrackte Sache, das zu kritisieren. Dass wir mit den Waren, die wir konsumieren, unseren Lifestyle, unser Ich, unseren emotionalen Stil konstituieren, ist eine Erkenntnis, die durchaus etwas Erschreckendes an sich hat: Was ist denn noch »ich« in uns, wenn der Kapitalismus unerbittlich in die engsten Nischen unseres privaten, zwischenmenschlichen und emotionalen Lebens eindringt? Wer will schon die Summe der von ihm konsumierten »Identity Goods« sein? Andererseits: Selbst wenn

Konsum + Leidenschaft = Konsumleidenschaft.
Schaufenster in Berlin

ich mein Ich erst über Konsum konstituiere, habe ich in der Realität doch meist relativ klare Vorstellungen darüber, wer »ich« in etwa sein will (auch wenn es trügerische Vorstellungen sind, deren Urheber nicht ausschließlich ich bin), und die Waren hindern mich in der Regel nicht etwa daran, sondern helfen mir dabei. Deshalb die durchaus erfreuliche Behauptung von Eva Illouz: »Die Waren behindern und unterdrücken das Ich nicht, sondern dienen vielmehr als nützliches Hilfsmittel für dessen dramatische Steigerung.«[49] Da die Auswahl an Waren tendenziell unbegrenzt ist, haben wir vielerlei Accessoires zur Hand, welche noch die detaillierteste Modellierung unseres Ich zulassen. »Was wie die Ausbeutung von Sehnsüchten aussieht, ist vielleicht die Erfüllung von Sehnsüchten«, schreibt das US-Magazin *Reason* in einer großen Story mit dem programmatischen Titel »In Praise of Consumerism« (»Lob dem Konsumismus«).

Und dass es dabei nicht so selten um die Herstellung von Sehnsüchten geht, darüber sollen die notorisch Übellaunigen mäkeln, zumal ja die Frage auch dann und erst recht offenbliebe, was denn exakt das Kritikwürdige an hergestellten Sehnsüchten ist, solange deren Erfüllung den Konsumenten Freude bereitet.

Mit einigem Erstaunen präsentierten Zeitschriften und TV-Magazine vor einigen Monaten den Umstand, dass Millionen Menschen an der virtuellen Internet-Welt des »Second Life« mitwirken. Mit Unverständnis wurde quittiert, dass die Menschen offenbar Erlebnisse im Netz suchen, die sie im realen Leben nie haben, und dass andererseits das Leben im »Second Life« sich auch wieder nicht so dramatisch vom »First Life« – also der Realität – unterschiede. Allenfalls spielten die Teilnehmer mit ihren »Identitäten« – sie flunkerten ein wenig, probierten manches aus, was sie im realen Leben nicht wagen würden, aber alles im allem meist im Rahmen des real Menschlichen, allzu Menschlichen. Aber genau das ist der Kern des kommodifizierten Erlebniskonsums – die Identitätsbildung mittels Kulturwaren. Der Konsument hat Tools zur Auswahl, mittels denen er seine Identität modelliert. Und dabei ist er einerseits Kind seiner Zeit, aber doch auch Herr des Verfahrens.

Und noch in einem ist »Second Life« paradigmatisch: Warenkonsum wird zunehmend von Erlebniskonsum ersetzt, mit Waren werden Erlebnisse verkauft, und die Erlebnisse stellen sich sogar dann ein, wenn die Waren radikal entmaterialisiert sind. Einer der erstaunlichsten Sachverhalte im Orbit des »Second Life« ist ja, dass in der virtuellen Welt Geschäfte mit Gütern gemacht werden, die nur in dieser virtuellen Welt existieren – und mit diesen Geschäften kann man durchaus Gewinne machen, die man dann im wirklichen Leben, dem »First Life« realisieren kann (Verluste natürlich auch).

Das Entscheidende ist zunehmend das Erlebnis, das »Gefühl« – das kann an die Materialität von realen Waren gebunden sein, muss es aber nicht.

Wie weit die Identifikation von Lifestyle-Gemeinschaften mit klar voneinander abgegrenzten Marken geht, hat unlängst exemplarisch eine Studie der Psychologischen Fakultät der Ruhr-Universität Bochum gezeigt. Die erbrachte das in seiner Signifikanz erstaunliche Ergebnis, dass Citroën-Fahrer vorwiegend SPD wählen, VW-, Fiat-, Nissan- und Opel-Kunden eher links, Mercedes-, Audi-, Toyota- und BMW-Fahrer eher rechts orientiert sind. Wer Peugeot oder Renault den Vorzug gibt, unterstützt offenbar überdurchschnittlich häufig die Grünen, während Skoda-Kunden eher zur FDP tendieren.[50] Wer immer wir sein wollen, von jedem Produkt gibt es dafür die passende Variante im Angebot.

Was zuerst war – zuerst das Konsumgut, dann die Ich-Identität oder umgekehrt –, darüber kann man streiten wie in der Fabel vom Hasen und vom Igel. Es ist wohl so, dass das eine das Andere beeinflusst, prägt, einfärbt. Jemand, der eher zur Schicht der postmaterialistischen Hedonisten zählt, hat Bilder im Kopf – vielleicht Schwarz-Weiß-Bilder aus Nouvelle-Vague-Filmen, die die französische Lebensart repräsentieren, oder weichgezeichnete Fotos legerer Trinkerrunden in der Toskana. Der postmaterialistische Hedonist, der im Wahlverhalten die Grünen favorisiert, wird deshalb eher zu einem wendigen Renault oder Peugeot oder einem Fiat tendieren als zu massiver deutscher Wertarbeit nach Mercedes-Art. So gesehen ist seine Identität primär, der Kauf das, was daraus folgt – gewissermaßen Dekoration seines Ich. Andererseits: Die Bilder, die er im Kopf hat, und die allesamt wie ein Puzzle erst seine Identität konstituieren, stammen selbst zumindest teilweise aus dem medialkommerziellen Stilfundus. Und der Erwerb des dazu passenden Autos stabilisiert seine hedonistisch-postmaterialistische Identität weiter. Natürlich heißt das nicht, dass er plötzlich zu einem CDU-Wähler würde, erhielte er von einem Freund einen Mercedes geschenkt (wobei auch das nicht völlig ausgeschlossen werden könnte, wenn er mit der Zeit begänne, sich »wie ein Mercedes-Fahrer« zu fühlen).

So vertrackt die Sache, so simpel das Prinzip. Das lautet: Ich Nike, Du Puma. Oder: »Ich bin Ich, weil ich Prada trage und nicht Armani« (Thomas Assheuer in der *Zeit*). Oder: Ich bin rebellisch, weil ich abgetragene Adidas-Jacken aus den 70er Jahren trage. Wie der Held aus David Finchers Film *Fight Club*, der sagt: »Ich blättere durch Möbelkataloge und frage mich, welches Geschirr mich als Person definieren könnte.« *I shop therefore I am*, heißt ein Werk der Künstlerin Barbara Kruger, längst eine Ikone zum Thema: »Ich shoppe, also bin ich«.

Ich Prada, Du Armani.
Mit den Waren kaufen wir uns unsere Identität zusammen.

Es ist darum auch notwendig, mit einem alten, unausrottbaren, aber voreiligen Urteil aufzuräumen: dass der Kapitalismus die Welt gleichförmig macht, homogenisiert. Das ist zwar nicht ganz falsch, aber eben auch nicht ganz richtig. Zwar ist er eine mächtige Kraft, hegemoniale Stile zu etablieren: Auf den Markt kommt nur, was marktgängig verwertbar ist – und er ist der Feind aller möglichen denkbaren Erlebnisse, die sich nicht marktgängig verwerten lassen (streng gesehen sind im entwickelten postmodernen Kapitalismus solche nicht-marktgängigen Erlebnisse nicht einmal mehr »denkbar«, weil die Erinnerung an sie verschwindet). Aber dies vorausgesetzt, ist der Kapitalismus natürlich auch eine mächtige Kraft der Heterogenität. Konformismus ist nichts, was der Kapitalismus, könnte er Wünsche äußern, will. Aus dem Lebensstil, der von der Norm abweicht, macht er immer wieder ein neues Marktsegment. Ununterscheidbarkeit ist im Kapitalismus ein Konsumhemmnis, Unterscheidbarkeit ist sein Lebenselixier. Eigentlich erstaunlich, dass das lange übersehen wurde, schließlich ergibt sich dies gewissermaßen schon aus dem Basiselement des kapitalistischen Wirtschaftens, aus der Ware: Eine Ware, die sich von anderen nicht unterscheidet, wird schwer an den Mann oder die Frau zu bringen sein, ihr Erfolg lebt davon, dass glaubhaft gemacht werden kann, diese spezielle Ware sei etwas ganz Besonderes, mit allen anderen ähnlichen Waren absolut unvergleichlich.

Diese Ambivalenz von Homogenisierung und Heterogenität ist nicht nur in der Kulturtheorie mittlerweile ein bekannter Sachverhalt, die Marketingspezialisten selbst wissen darüber bestens Bescheid. Natürlich hat die Etablierung globaler Power-Brands einen »mächtigen Homogenisierungseffekt«, schreibt Wally Olins, der viele führende Konzerne berät. »Konsequent zu Ende gedacht, würde jeder gleich aussehen, fühlen und agieren. Aber im realen Leben möchten die Menschen nicht unbedingt das, was ihr Nachbar hat.« Deshalb ist »Heterogenität für die globale Brandingentwicklung genauso bedeutend wie Homogenität«. Es gäbe, formuliert Olins weiter, sogar einen paradoxen Widerspruch zwischen der Notwendigkeit der Markenfirmen, ihre Produkte »mit einer einzigen, klaren Aussage auszustatten«, und dem Bedürfnis des Konsumenten, »einzelne Waren herauszugreifen und mit anderen zu mischen – to pick'n mix –, um eine Identität zu komponieren, die zu ihm oder ihr passt.«[51]

Der Kapitalismus fördert darum im Prinzip unendlich viele unterschiedliche Stilgemeinschaften, die wie Glaubensgemeinschaften funktionieren – um sich davon eine Vorstellung zu machen, denkt man am besten an verschiedene Fußballmannschaften, die alle ihre eigenen Trikots und Fanartikel haben. Das kulturkritische linke Vorurteil, dass der Kapitalismus Konformismus befördere, zog dennoch so manchen paradoxen Kurzschluss nach sich. Etwa den Glauben, mit der Etablierung einer alternativen Gegenkultur würde den Homogenisierungstendenzen des Kapitalismus Widerstand geleistet – während in der Realität die Gegenkulturen von Hippies bis Punk dem Konsumkapitalismus nur neue Energien zuführten. Deshalb ist, wie die kanadischen Autoren Joseph Heath und Andrew Potter schrieben, die gegenkulturelle Politik »in den letzten vierzig Jahren eine der wichtigsten Triebkräfte des Konsumkapitalismus gewesen«[52]. Schließlich seien es die Nonkonformisten, nicht die Konformisten, »die an der Konsumschraube drehen«, denn: »Wenn die Konsumenten bloß Konformisten wären, dann würden sie sich allesamt das Gleiche kaufen und damit glücklich und zufrieden sein.«[53] Es ist dieses Paradoxon, das den Philosophen Peter Sloterdijk zu dem Aperçu veranlasste: »Alle Wege der '68er führen in den Supermarkt.«

All das heißt natürlich nicht, dass es an der konsumistischen Mentalität nichts zu kritisieren gäbe. Sie neigt dazu, unmöglichen Versprechungen Glauben zu schenken. Sie ermutigt eine gewisse Rücksichtslosigkeit, Leben über unsere Verhältnisse, ist Spielernaturen günstig. Der Imperativ »Kaufe und Wähle« insinuiert, dass alles zu haben ist – und dass, was immer man gerade haben mag, in jedem Augenblick auch etwas Besseres zu haben ist. Der längeren Konzentration auf eine Sache – oder auch einen Menschen – ist diese konsumistische Mentalität ungünstig. Der Konsumbürger ist ständig auf der Suche nach neuen Erlebnissen und Reizen, er hat stets Panik vor der Langeweile und eine tiefe Angst, etwas zu versäumen. Erlebnisse, einmal erlebt, fallen in sich zusammen und verlangen nach neuer Aktivierung. Die dauernde Frage des innerlich monologisierenden Konsumbürgers ist: »Was mache ich jetzt?«[54] Kaum steckt er in einer längeren Beziehung, schon fragt er sich, so Werner Schulze, »vielleicht hätte mir ein anderer Mensch mehr zu bieten, als der, auf den ich mich eingelassen habe? Gewählt zu haben bedeutet immer auch, andere Möglichkeiten ausgeschlagen zu haben.«

Der Horizont des Shoppings ist die prinzipielle Unbegrenztheit des Möglichen, die aber natürlich in praktischer Hinsicht für den normalen Shopper nie unbegrenzt ist – schließlich kann, wer nicht zu den Superreichen zählt, nicht alles kaufen. Das, so der amerikanische Neurophysiologe Gregory Berns, erkläre auch, dass uns Shoppingausflüge meist weit weniger befriedigen, als wir erhoffen – weil jede Möglichkeit, die wir wahrnehmen, eine Vielzahl anderer verschließt. »Bei jeder Kaufentscheidung haben wir ein Auge auf dem begehrten Objekt und das andere auf allen anderen, die wir nicht kaufen.«[55] Und natürlich ist die konsumistische Mentalität von dem Irrglauben

Gibt es wirklich einen Weg aus dem kapitalistischen Sektor?
Umsonstladen in Berlin

getragen, mit dem erworbenen Objekt sei das Begehren befriedigt, wohingegen meist das Begehren bleibt, und das Objekt schlagartig weniger interessant ist, sobald es uns gehört.

Doch das ist längst nicht die einzige Falle: Wenn praktisch jeder Lebensstil schon von der Stange zu haben ist, es für jeden Wunsch und jedes ersehnte Erlebnis schon kommerzialisierte Angebote gibt, wenn die innere und äußere Landnahme des Kapitalismus jeden Flecken auf Marktförmigkeit hin zugerichtet hat, bleibt kaum mehr ein Raum, wo die Subjekte sich selbst erproben, selbst etwas entwickeln können. Die Aktivitäten am Erlebnismarkt sind deshalb immer ein eigentümlich passiv-aktives Tun: Die Erlebnisnachfrager wählen aus gegebenen Erlebnisangeboten aus, »als handelte es sich dabei um eine von ihnen selbst unbeeinflusste Wirklichkeit«.[56] Selbst der »Aktivurlauber« lässt sich sein Paket vom Reisebüro schnüren.

Der französische Situationist Guy Debord hat das in seinem weltberühmten Pamphlet »Die Gesellschaft des Spektakels« schon vor vierzig Jahren in hellen Geistesblitzen beschrieben: In der »jedes Erlebnis beherrschenden Warenwelt«[57] sei »neben der entfremdeten Produktion der entfremdete Konsum zu einer zusätzlichen Pflicht für die Massen«[58] geworden. Das Spektakel, so Debord, sei »die *hauptsächliche Produktion* der heutigen Gesellschaft«[59], der tätige Mensch sei damit konfrontiert, »dass seine eigenen Gesten nicht mehr ihm gehören, sondern einem anderen, der sie ihm vorführt«[60].

Gewiss kann man fragen, ob da nicht ein bläuäugiger Essentialismus anklingt, die Idee von einer reinen, nicht entfremdeten Existenz, in der die Menschen keine Rollen mehr spielen müssen. Gesellschaftliche Existenz hat wohl immer etwas Rollenhaftes, und die Frage ist, ob wir grundsätzlich *durch* Rollen eine entfremdete Existenz führen oder nur gelegentlich *in* Rollen – dann nämlich, wenn wir nicht einmal mehr die Co-Autoren des Skripts sind[61]. Doch wie immer man die philosophischen Aspekte dieses Essentialismus beurteilen mag, in der Realität haben die Menschen doch eine klare Vorstellung davon, ob ihre Lebenswelten dergestalt sind, dass sie sie zu beeinflussen vermögen, oder ob sie ihnen als Fremdes gegenübertreten. Klar, der konsumistische Orbit ist etwas, was von den Subjekten selbst gemacht wird – also gewissermaßen das Produkt ihres Willens –, aber in seiner gesellschaftlichen Wucht sensu strictu gleichzeitig der Wunsch von niemandem. Er ist etwas, an dem jeder seinen Anteil hat, das sich aber zur subjektlosen, objektiven Macht über alle aufschwingt. Er richtet sich die Subjekte her – und die Welt, in der sie leben.

Ob das eine schöne Welt ist, darüber kann man mit Recht streiten.

3. Theorie der Shopping Mall

*Wie der Konsumismus unsere Lebenswelten
umformt und die Stadt zur Brand-Zone macht.*

Dass der Kapitalismus kulturelle Effekte zeitigt, ist bestimmt alles andere als neu. Er war, auch in seinen frühen Phasen, immer schon mehr als eine bloße Produktionsweise, mehr als nackte Technik, keine bloß leere Universalität oder kein »neutraler« Markt, obwohl er sich neutral gibt – er war immer von einem bestimmten Geist durchdrungen und hat sich die Subjekte hergerichtet, Subjektivitäten produziert, die seinem Entwicklungsstand angemessen waren, und er hat die Räume, die er sich eroberte, nicht bloß erobert, sondern auch transformiert (genau gesagt, hat er keinen Stein auf dem anderen gelassen). Er hatte also Auswirkungen auf die Kultur seiner Zeit und damit natürlich auch, im engen Sinne, auf die Künste. Auf vermittelte Weise, indem er Mentalitäten einfärbte, und auch auf direkte Weise, weil die Produktionsbedingungen der Künste durch die allgemeinen gesellschaftlichen Produktionsbedingungen mitbestimmt waren. Dies gilt für die verschiedenen Kunstsparten auf unterschiedliche Weise. Manchen Künsten wurde vom aufstrebenden Bürgertum selbst eine semiautonome Sphäre zugewiesen, was dieses sofort zur Feier seiner selbst nutzte – man denke nur an die Musikvereine des 19. Jahrhunderts. Ein Maler, beispielsweise, ist wiederum zunächst auf sich allein gestellt, braucht nicht viel mehr als Leinwand und Farbe. Er wird zwar nichts dagegen haben, wenn es für sein Produkt auch einen Markt gibt, was aber die Käufer auf diesem Markt dazu motiviert, für sein Produkt möglicherweise viel Geld auszugeben, sind oft andere Beweggründe als das simple Rentabilitätsinteresse, das sie auf anderen Märkten zu Investitionen animiert. Der Kauf eines Bildes kann gerade auch eine Ablenkung, eine Erholung vom Rentabilitäts- und Kommerzprinzip sein: Kunst als das, was man sich gönnt. Demgegenüber war die Architektur natürlich immer schon jene Kunstform, auf die die Sachzwänge kapitalistischen Wirtschaftens am direktesten durchschlugen. Sie ist, bedenken wir nur Grundstückspreise oder die investierten Summen, die im Spiel sind, die Kunst, die der Ökonomie am nächsten ist. Die Wirtschaft hat zur Architektur, anders als die meisten anderen Künste, schon länger ein ziemlich unvermitteltes Verhältnis.

Schließlich ist jedes Bauvorhaben eine gute Gelegenheit, ordentliche Mengen Geld regelrecht zu vergraben – die schöne Redensart »in den Sand setzen« könnte darauf zurückgehen.

Ein Ereignis, das die Kunst- und Architekturwelt zu Beginn des neuen Jahrtausends regelrecht aufwühlte, war die Kooperation des niederländischen Stararchitekten Rem Koolhaas mit der italienischen Nobelmarke Prada. Vor allem der New Yorker Flagship Store der Firma, von Koolhaas, seinem Architekturbüro OMA und seinem Think-Tank AMO geplant und realisiert, markierte eine neue Qualität von Shoppingtempel. Die »Epicenter«, die OMA/AMO für die global agierende italienische Traditionsmarke plante, sind selbst Teil des »Rebranding« einer lokal verwurzelten Elitemarke zu einem führenden Unternehmen des globalisierten Kulturkonsums gehobener Sphäre. Der Konsumtempel ist nicht nur ein Schauraum für Güter, die gekauft werden sollen, sondern er verspricht ein »erweitertes Markenerlebnis«. Die »Shopping

Experience«, ist in den einschlägigen Verkündungen des Unternehmens zu lesen, soll Prada als »Brand with a vision« porträtieren, als eine Marke mit einem »tief gehenden Engagement in einem erweiterten kulturellen Kontext«. Als integrales Element »gegenwärtiger Lebenswelten«, wird unverhohlen postuliert, ist Shopping eine Erfahrung, in der »Kultur und Konsumismus« zusammenfließen. Es geht nicht um Verkaufsräume, sondern um die »Aura der Marke«. Filme, Monitore, eine einzige riesige Installation – »Koolhaas inszeniert für Prada ein jazziges Schaustück aus allen erdenklichen visuellen Formen«, hieß es in einer Rezension der *Neuen Zürcher Zeitung*. Videodisplays sind allgegenwärtig, die Prada in einen breiten kulturellen Kontext stellen: Arbeiten von Medienkünstlern, Ausschnitte aus Pasolini-Filmen, Videos, die das Geschehen im Backstagebereich während der Fashion Shows zeigen.

Das neue Epizentrum sollte »Individualität und Kunstsinn vermitteln«, schreibt die Wiener Architekturtheoretikerin Anette Baldauf im renommierten Architekturmagazin *archplus*[62]. »Mit seiner Ausstattung signalisiert Prada Kultiviertheit. Die Präsentation der Waren sieht aus wie eine Kunstinstallation in einem Museum: Hier sind Kleider Kunst und umgekehrt. Prada adressiert seine Kunden als partizipierende Akteure am Shopping-Spektakel und präsentiert Shopping nicht als eine Form von Entertainment, sondern als künstlerischen Ausdruck ausgeprägter Geschmacksbildung.« Es ist zunehmend schwierig, Einzelhandel und Kunstgalerie zu unterscheiden. Entscheidend ist auch der Standort in Soho, dem ebenso legendären wie hippen Viertel in Manhattan. Prada plündert gewissermaßen in einem Akt »parasitären place-making« (Baldauf) den Bilderfundus des einstigen Avantgardistenviertels.

Prototyp eines Ladens, der wie eine Galerie aussieht.
Rem Koolhaas' Prada-Flagship Store in New York

Diese avancierte, spektakuläre Form des Ineinander-Kollabierens von Kunst und Kommerz allein hätte schon ausgereicht, die Kunstwelt in Erregung zu versetzen, der Umstand jedoch, dass Rem Koolhaas dafür verantwortlich zeichnet, tat ein Übriges. Schließlich ist Koolhaas der linke Theoretiker unter den globalen Stararchitekten, derjenige, der die Überformung aller Lebenswelten und die Kannibalisierung der Städte durch Kommerz immer wieder einer scharfen Kritik unterzieht. Und gerade der sorgt für einen neuen Qualitätssprung in der Kapitalisierung der Kultur und der Kulturalisierung des Kapitals! Dabei ist es natürlich nur folgerichtig, nimmt man die These von der Verwandlung materieller Güter in Kulturwaren ernst, dass der Künstler – und allen voran der Architekt, der dem globalen Unternehmen das Wahrzeichen baut –, gleich auch die Markenidentität mitliefert, nicht nur die Fassaden und Trennwände baut, sondern auch die »Brand Vision« zusammenschraubt. So wie die Marke zur Markenkunst wird, so wird der Markendesigner selbst zur Marke. Koolhaas verwandelt Prada, und Prada verwandelt zugleich OMA und AMO zu internationalen Marken in der globalisierten Luxuswelt. Die Marke wird zum Kunstwerk, weil der Künstler, der selbst eine Marke ist, für sie arbeitet, wodurch er seine Markenidentität wiederum untermauert: Eine schönes Exempel dafür, wie selbstreferentiell die Sphäre der kulturkapitalistischen (Zeichen-)Produktion längst geworden ist.

Was auf den kulturellen Märkten zählt, ist Beachtung. »Wer bekannt für seinen Bekanntheitsgrad ist, ist bekannt für sein Einkommen an Beachtung«[63], schreibt der Wiener Architekturtheoretiker Georg Franck in seinem Buch »Mentaler Kapitalismus«, mit dem er seine viel beachteten Studien über die »Ökonomie der Aufmerksamkeit« fortsetzte. Ansehen, Reputation, Prominenz, Ruhm, »diese immateriellen Schätze können, wie materieller Reichtum, von sich aus zur Einkommensquelle werden«. Der Stararchitekt und die Marke gehen ein symbiotisches Verhältnis ein, zum wechselseitigen Vorteil. Franck: »Der Modekonzern partizipiert am Prestige der Architektur als genuiner Kunst, die Architektur partizipiert an der Präsenz der Marke Prada jenseits der Kunst«.[64] Deshalb habe die Postmoderne eine neue Klasse architektonischer Prominenz hervorgebracht, die »Klasse der Stararchitekten«[65]. Deren Arbeit lassen sich die globalen Brands viel kosten, aber das Geld ist gut investiert, denn die »gebaute Auffälligkeit ist teuer – ob mit oder ohne Star. Die Funktion des Stararchitekten ist es, die Investition abzusichern. Er bürgt mit dem Kapital, das aus der Reputation wird, wenn sie als solche gewinnträchtig wird. Ohne die Verbindung mit einem Star der Architektur hat das Bauwerk es schwer, sich als Medium durchzusetzen. Ganz auf sich gestellt, hat es kaum eine Chance, diejenige Zeichenhaftigkeit anzunehmen, von der die Investoren träumen.«[66] Keiner, so Francks Resümee, habe diese Zusammenhänge so gut kapiert wie Koolhaas, weshalb er »der führende Architekt des mentalen Kapitalismus«[67] geworden sei.

Dass all dies Auswirkungen auf das Antlitz der Städte hat, ist leicht nachzuvollziehen – wenngleich natürlich die Bauten globaler Architekturcelebrities für globale Power-Marken nur ein Spezialthema sind: ein sichtbares freilich, schließlich versehen sie die Innenstädte mit viel beachteten Wahrzeichen, die es zu großen Geschichten auf den Kulturseiten aller Zeitungen bringen, wann immer ein Auftrag vergeben wird – und dann natürlich noch einmal, sobald er fertiggestellt ist.

Aber wenn Brecht sagte, dass man nur die im Licht sehe, die im Dunkeln aber nicht, so gilt das in seltsamer Weise auch für die Überformung unserer Lebenswelten mit Kommerzarchitektur. Koolhaas baut für die kulturkapitalistische A-Klasse, was er hochzieht, steht im Rampenlicht. Er poliert die kulturkapitalistischen Juwelen zu Recht auf, aber viel häufiger als diese ist natürlich der kommerzielle Billigschmuck. Nur werden über den weniger Worte verloren – schließlich bringt er es nicht bis in die Feuilletons. So wie Shopping seltsam untheoretisiert ist, so gilt das auch für die paradigmatischen Orte des Konsumkapitalismus, die von New Jersey bis Schanghai ziemlich gleich aussehen: die Shopping Malls. Sie stehen überall rum und keiner redet über sie. Sie sind das Selbstverständliche. Dabei ist die Mall, Nachfahre der Passagen und Arkaden des neunzehnten und der Warenhäuser des frühen zwanzigsten Jahrhunderts, nicht bloß eine Ansammlung von Geschäften in einem Komplex, der außerhalb der großen Städte oder inmitten der Suburbs hochgezogen wird, also nicht nur eine effektive und kostengünstige Konzentration von Möglichkeiten zum Erwerb von Dingen. Sie ist auch nicht einfach ein Kind von Air-Conditioning, Rolltreppe und Gipskartonwand. Wenngleich man auch nicht einfach vergessen soll: Die Entwicklung raffinierter technischer Möglichkeiten, einen großen Raum verschieden großer Räume ohne Fenster zu schaffen, durch den man sich trotz weiter Wege bequem bewegen kann und in dem man nicht erstickt, war eine entscheidende Voraussetzung für das Entstehen von Shopping Malls. Nur erschöpft sich die Shopping Mall keineswegs in der Technik, die sie ermöglichte. Sie ist all das auch, aber doch auch mehr: Sie ist ein eigener Erlebnisraum mit Ortseffekten über den eigentlichen Kreis der Mall hinaus. Wenn der Imperativ des Konsumkapitalismus lautet: »Führe uns in Versuchung!«, so sind Koolhaas' Flagship Stores seine Kathedralen, aber die Shopping Malls sind die Kirchen, die in jeder mittelgroßen Stadt zu finden sind – und die erst den Glauben in alle Ecken der Welt verbreiten.

Heute hat sich die Urform der Mall übrigens längst überlebt. Das letzte »Big Thing« ist das »Urban Entertainment Center« (UEC): Shopping Mall, Treffpunkt, Multiplex, Ort der Erlebnisgastronomie in einem. Riesige Klum-

Erlebnisse zu kaufen.
Mall of America, Innenansicht

pen von Läden, Büros, Restaurants, Kinos, die sich zu einer
»Mini-Stadt« formen. Wucherungen am Rande der Städte,
aber auch inmitten derselben, die sich ähnlich gut in die
Landschaft fügen wie ein Karzinom in einen Organismus.
Öffentliche Orte, die doch nur Als-ob-Städte sind, Kulis-
sen des Sozialen, in denen man zwar aktiv sein kann, dies
aber doch nur auf eigentümlich passive Weise.

»Ich habe mich«, sagt Jon Adams Jerde, »des architekto-
nischen Drecks – der Warenhäuser, Waschcenter, Tierkli-
niken und Tankstellen – angenommen, um wieder Plätze
für Gemeinschaften zu kreieren.«[68] Jerde ist, wenn man so
will, der bedeutendste Architekt der Welt, auch wenn ihn
kaum jemand kennt, auch jene nicht, denen ansonsten die

Namen der Star-Architekten durchaus geläufig sind – Gehry, Hadid, Eisenman, und wie sie alle heißen. »Von so viel Bedeutung und Möglichkeiten träumen andere Architekten«, sagt denn auch Rem Koolhaas. Jerdes Bauten werden jährlich von mehr als 500 Millionen Menschen besucht, zu seinen Projekten gehören die Mall of Egypt in Kairo, das West End City Center in Budapest, der City Walk in Los Angeles und die Mall of America in Bloomington, Minnesota, Amerikas größtes überdachtes Einkaufszentrum. Letzteres »ist ein Ort, an dem man außer Geborenwerden und Sterben problemlos ein ganzes Leben verbringen kann«, urteilte das deutsche Wirtschaftsmagazin *brand eins*. Die Mall macht paradigmatisch, dass sie soziales Leben rund um den Imperativ »kaufen« organisiert. Die Mall of America etwa hat »ihr eigenes Ausbildungszentrum, ein Joint Venture mit der Schulbehörde Bloomingtons. Die Mall bietet alle Levels vom Kindergarten bis zur Universität an und hat sogar ihr eigenes MBA-Programm.«[69]

Das ist, als würde man in Wien seinen Doktortitel in der Shopping City Süd erwerben oder in Berlin in den Friedrichstadt-Quartieren.

In der Mall kann man »normales« soziales Leben simulieren rund um jene Warenförmigkeit herum, welcher der Ort erst seine Existenz verdankt. Leute wie Jerde richten ihr Augenmerk auf die Zwischenräume: die Orte zwischen den Läden, die einstmals leeren Flächen. Diese Brachwüsten in den klassischen Einkaufszentren haben sie zu Orten gemacht, an denen man verweilen kann, mit Cafés, Kino, Erlebnisgastronomie. So haben die Shopping Malls, zum Urban Entertainment Center mutiert, Eigenschaften angenommen, die ursprünglich zu den klassischen Charakteristika der Innenstädte gehörten: scheinbar brodelnde, scheinbar lebendige, scheinbar öffentliche Orte. Das urbane Erlebnis ist eingebettet in eine Brand-

Politik, die Politik einer Warenmarke. Die Erlebnisse, die zur Konsumtion angeboten werden, müssen mit dem Image der vertretenen Brands vereinbar sein und mit dem Image der Mall als Brand Zone. Die Mall ist also ein pseudo-öffentlicher Raum oder ein gigantischer Privatraum. Sie ist ein Privatraum, weil sie nur eine Kulisse des Öffentlichen und im privaten Besitz ist, aber sie ist natürlich nach allen praktischen Gesichtspunkten ein öffentlicher Raum. Dem tragen mittlerweile auch einige Gerichtsurteile Rechnung, etwa die des Höchstgerichtes von New Jersey, das, nachdem die Betreiber der örtlichen Mall eine Bürgerrechtsgruppe am Verteilen von Flugblättern gehindert hatten, erkannte, Erstere hätten »vorsätzlich ihr Eigentum in einen öffentlichen Platz, einen öffentlichen Versammlungsort verwandelt«, wodurch das Recht auf Meinungs- und Versammlungsfreiheit auch an diesen »Hauptstraßen unserer Zeit« begründet sei.[70] Kurzum: In der Mall dürfe man also genauso demonstrieren wie, sagen wir, am Bahnhofsvorplatz.

Hierzulande sind Demonstrationen in Shopping Malls (noch) verboten. In Wien fordern etwa die Grünen, die Gesetze der Realität anzupassen – also dem Umstand, dass die Malls zu wesentlichen öffentlichen Orten geworden sind. Die Ladenbesitzer und Mall-Betreiber lehnen das ab. Womöglich verweist aber gerade diese »Meinungsverschiedenheit« auf das Symptomatische, denn beide haben auf ihre Weise recht. Shopping Malls sind Zonen mit *Effekten* des städtischen Lebens – aber deswegen noch lange keine urbanen Räume. In den schein-öffentlichen Räumen »findet eine Reglementierung statt. Der als öffentlich wahrgenommene Raum ist in Wirklichkeit ein privater Raum, der geöffnet wird, um – als öffentlicher Raum simuliert – ein Kommen und Gehen zu ermöglichen.

Dieses Kommen und Gehen wird vom Hausherrn kontrolliert, um nur bestimmten Personen den Zugang zu gewähren oder im Falle eines Regelverstoßes einen Verweis auszusprechen. Gleichzeitig aber muss eine Aufenthaltsatmosphäre geschaffen sein, die den Zielen des Besitzers entgegenkommt: Es sollte durch Musik und ähnliches eine angenehme entspannte oder anregende Atmosphäre geschaffen werden, um zu konsumieren. Das angenehme Verweilen ist daher nur in kommerziellen Zonen erwünscht. Alles ist a priori geplant und wird gelenkt. Eine Aneignung oder Umnutzung durch die Passanten kann und darf nicht stattfinden. ... auf Stufen darf man sich nicht setzen. ... Jedes Ding hat seinen Platz.«[71]

In manchen dieser Urban Entertainment Center sind nicht nur »Versammlungen in größeren Gruppen« untersagt, sondern auch »unnötiges Herumstarren«, und wer eine Baseballkappe verkehrt herum trägt, wird etwa umgehend von der Plaza des City Walks verwiesen. Deswegen hat der Stadttheoretiker Mike Davis die Entertainment-Malls auch »das Architektur-Äquivalent zur Neutronenbombe« genannt – »eine Stadt, der alle lebendigen Erfahrungen fehlen«. Mit echten Erlebnissen, bemerkte ein anderer Architekturkritiker, habe das so viel zu tun »wie ein Zoo mit dem Leben in der Wildnis«. Eine Formulierung, die übrigens bei aller Wahrheit auch zeigt, auf welch unsicherem Boden die Kritik sich bewegt. Denn wo ist denn verbindlich verzeichnet, welche Erlebnisse »echter« sind als andere? Weshalb genau ist ein Theaterbesuch »echter« als eine Tour durch Sony-City, warum ist ein Vollrausch aus der Eckkneipe ein »echteres« Erlebnis als einer aus dem Millennium-Tower? Ja: Kann man überhaupt sagen, wie ich das selbst oben tat, in den Malls würde normales soziales Leben nur simuliert – ist denn die Simulation nicht selbst die Normalität geworden?

68

Kulturtheoretisch kann man darüber lange räsonieren – natürlich suggeriert die Vorstellung von »Echtheit« einen Essentialismus, der selbst schon Ideologie ist. Schließlich ist Gesellschaft nie Natur, und jede Stadt, die man auch als zu Stein gewordene Gesellschaft bezeichnen kann, ist deshalb in einem gewissen Sinne künstlich. Dennoch haben wir keine Schwierigkeiten, eine gewachsene Stadt mit urbanen Funktionen, eine Mischung aus historischen und modernen Gebäuden, mit Menschen, die in ihr wohnen, als eher echt, ein überdimensioniertes Glitzerkaufhaus, das urbanes Leben nachzuspielen versucht, als eher unecht zu charakterisieren. Wenn wir die theoretischen Fallen einmal ignorieren wollen, dann drückt dieser richtige Instinkt wohl Folgendes aus: Als echt erscheinen uns mit Recht jene Orte, an denen sich zumindest potenziell gesellschaftliches Leben in seiner Gesamtheit vorstellen lässt – wohnen, arbeiten, Geselligkeit und auch die eher dunklen Seiten des Lebens. Dagegen ist das soziale Leben in den Malls vom Wunsch nach Beherrschbarkeit, nach Kontrollierbarkeit bestimmt. »Es ist wie ein Dolby-Filter, der sich über das Leben legt: Plötzlich ist das unangenehme Rauschen weg, aber mit ihm auch die Höhen und Tiefen.« (*brand eins*). Malls behaupten etwas, was sie nicht sind. Schon in ihren Namen steckt ein Stück Tatsachenverdrehung. »Arkade, Forum, Kolonnade, Piazza heißt selbst das, was draußen auf der grünen Wiese am Stadtrand steht«, ätzt *Die Zeit*[72], was urbanes Leben verheiße und es nicht einmal zur Kulissenhaftigkeit bringe. Erbaut sei all dies nach dem »H-Milch-Prinzip: garantiert keimfrei, geschmacksneutral und homogenisiert«.

Malls haben die Eigenart, überall mehr oder weniger gleich auszusehen, sich gleich anzufühlen, gleich zu schmecken. Man sollte die Auswirkungen all dessen nicht unterschätzten. Orte prägen. Sie sind eine Schule des Sehens, sie haben Auswirkungen auf den Habitus, ja auf die Physiognomie derer, die sich in ihnen gewohnheitsmäßig bewegen. Wir orientieren uns an Orten durch Zeichensysteme. Und Zeichensysteme sind nicht nur etwas, worüber wir verfügen, sondern was über uns verfügt: das Mittelmäßige und Billige, gepaart mit dem immer etwas zu Bunten, immer einen Dreh zu Grellem der Mall, die Strategien, mit Glitzeroberflächen die Wahrnehmungsschwellen zu überschreiten, nur um sie immer höher zu treiben. Es ist unnötig, zu sagen, dass all dies nicht ohne Auswirkungen auf die Sinne der Subjekte bleiben kann. Noch die exquisiteste Mall ist immer auch eine Schule der Stumpfheit.

Die Mall ist aber nicht deshalb der paradigmatische globalisierte Ort, weil sie überall herumsteht, sondern weil sie zum Modell für alle globalisierten Räume geworden ist – zum Paradigma also für all die Durchgangszonen, in denen man sich recht eigentlich nicht aufhält, Orte, deren Zweck die permanente Ortsveränderung ist. Wenn man so will: Der Ort der Ortlosigkeit schlechthin. Flug- und Bahnhöfe sind heute von Malls praktisch ununterscheidbar geworden. Dasselbe gilt für die Eingangsbereiche großer Krankenhauskomplexe und, mutatis mutandis, die großen Kulturkomplexe von der Art des Wiener Museumsquartiers und überhaupt die großen Museen, die den internationalen Tourismus anziehen, die mit ihren Shops, manchmal so groß wie Warenhäuser, einen wesentlichen Teil ihrer Einnahmen bestreiten. Übrigens folgt die Kolonisierung öffentlicher Räume durch privatwirtschaftliche Shoppingzonen in der Regel auch einer simplen Logik: Weil sich die öffentliche Hand aus budgetären Gründen aus der Finanzierung des öffentlichen Raumes zurückzieht, suchen die Betreibergesellschaften von Flughäfen, Bahnhöfen, Spitälern und Museen ihr Heil bei den Shops. Zuletzt sorgte für etwas Erstaunen, dass sich in den USA sogar die größten und einflussreichsten Kirchengemeinden an den Shopping Malls orientieren – diese Mega-Churches bieten Platz für einige Tausend Gläubige, für ausreichend Parkplätze ist gesorgt, und darüber hinaus ist Rundumbetreuung von Psychoberatung über Haarschnitt bis zum Fitnesscenter garantiert. Schließlich hat sich auch in Glaubensdingen das kapitalistische Prinzip durchgesetzt: Es überleben nur die Großen, und selbst die Priester müssen auf die Quote achten.

Die Glaswürfelästhetik der Malls ist die Bühne des Sozialen, durch die sich die Passanten wie Schauspieler bewegen, und weil sie es von klein auf lernen, haben sie darin bald eine Virtuosität, deren Schattenseite freilich die geistlose Routine ist. Im System Mall ist der Bewohner des modernen konsumkapitalistischen Universums eben so »zu Hause«, wie man in einer Syntax zu Hause ist, die man von Kind auf erlernt hat. Die Mall ist denn, wie John McMorrough in einer schönen Wendung schreibt, eine Sprache wie Latein – »sie wurde zum grundlegenden Ausdruckssystem für verschiedene Ausdrucksweisen«[73].

Dies wirkt, einer Rache der Geschichte gleich, auch auf die Innenstädte zurück. Markierte das Phänomen der Shopping Mall einstmals einen Bedeutungsverlust der Innenstädte und eine Abwanderung des Shoppings an die Peripherie, so ist heute der Aufschwung der Innenstädte zu Konsumzonen und Magneten für den internationalen Tourismus von einer Anverwandlung an die Ästhetik der Malls geprägt. Dementsprechend behübscht, geschrubbt und verordentlicht sind sie – »sauber, sicher, lustig«, um das mit den Worten der Wiener Kulturtheoretikerin Anette Baldauf zu sagen.[74] Diese Innenstädte sind die Orte, an denen die globalen Power-Brands ihre »Flagship

Stores« platzieren, die nicht nur Feierstätten des Marken-
images sind, sondern auch die Fabrikationsorte desselben.
So müssen die globalen Luxusmarken nachgerade an den
teuersten Quartieren vertreten sein, weil sie ja eben das zu
globalen Luxusmarken macht (was wiederum die Quartiere erst teuer macht). Keine Main Street ohne die unver-
meidlichen Stores von Kenzo, Louis Vuitton, Prada, Dior.
Und die Innenstädte sind nicht nur die Territorien, an
denen die Brands präsent sind, sie werden selbst zu
»Brand Zones«. Im internationalen Wettbewerb um Touristen und Investoren müssen die Städte selbst zu Marken
mit einem unverwechselbaren Markenimage werden, zu
einem »Brand Statement« aus Stahl, Glas, Beton oder
Stein – und manchmal auch aus Fleisch und Blut. Doch
Menschen werden natürlich nur toleriert, sofern sie entweder zahlende Besucher oder einheimische Komparsen
sind, die mit dem Image der Brand Zone harmonieren.
Wer herumlungert, wird hinausgewiesen. Straßenmusi-
kanten sind nur so weit akzeptiert, als sie sich in das
Lokalkolorit fügen. Dem tut die Tatsache übrigens keinen
Abbruch, dass eine Prise Subkultur, meist am Rande des
städtischen Zentralbereichs, heute ebenso obligatorisch
ist – das gehört zum Stadterleben dazu und ist daher im
Stadtmarketing des 21. Jahrhunderts zwingend vorge-
schrieben. In jedem Fall verkaufen sich die Städte immer
auch selbst und müssen bedacht sein, ein erlebbarer Ort
zu sein, an dem man sich wohlfühlt, an dem sich die Erwartungen des Besuchers erfüllen, an dem man den Konsum konsumieren kann. Die Werte der Shopping Malls
mit ihren sedierten Erlebnissen und der Kontrollierbarkeit
werden auch zu den Werten der Städte. Kurzum: Die
Innenstädte definieren sich als Konsumzentren. »Die
Straße kann jetzt als Mall unter freiem Himmel entschlüs-
selt werden.« (John McMorrough)

Ist es Kunst? Ist es Werbung?
Schaufenster eines Yves-Saint-Laurent-Shops

Mit dieser Transformation zum »urban experimental retailing« ist die »Innenstadt als korporativer Themenpark mit ihrer scheinbar perfekten, sozialen Harmonie zur Zugriffsfläche der Mittelschicht geworden. Sie fungiert als ausgedehnte Unterhaltungs- und Einkaufszone, die primär die Gruppe der Young Urban Professionals bedient. Unabhängig von ihrem konkreten Standort setzen sich die Zentren nun immer häufiger aus einem standardisierten Set an Franchiseniederlassungen zusammen: McDonalds, GAP, Virgin Megastore, Tower Music, Barnes and Nobles, Starbucks verwandeln die Stadtzentren in Brandscapes (Markenlandschaften), in denen ›going downtown‹ gleichbedeutend ist mit ›going shopping‹.«[75] Jahrtausende lang hieß die große Menschheitsfrage: »Woher kommen wir? Wohin gehen wir?« Heute heißt die ultimative große Frage: »Wohin gehen wir shoppen?«

Brand-Stores verklumpen sich zu Brand-Zones, die Stadt wird zum Teil des Markenwerts und selbst zur Marke – die Stadt als Brand-Zone ist am Ende nichts anderes mehr als ein Ort, an dem »Konsumtion konsumiert« werden kann.[76] Wobei in einem komplizierten Prozess der Osmose die Geschichte einer Stadt, ihr Image in der Brand Zone aufgehen muss. Anders als die Shopping Mall haben die Innenstädte einen »Standortvorteil« – ihre Aura. Gerade deshalb müssen homöopathische Dosen von Urbanität gepflegt werden, denn der Besucher der Stadt will ja mit den Gütern, die er in ihr kauft, einen Teil des Images der Stadt als Brand-Zone erwerben. Shopping in der Innenstadt ist so gesehen nur eine von vielen Varianten des Themen-Shopping. In diesem Fall: Shopping im Erlebnisraum Stadt, unterhaltend wie ein Spaßbad. Schlussendlich schlägt die Verwandlung von der Stadt zum Themenpark als Shoppingumgebung, diese Rache der Shopping Mall am Urbanen, auf paradoxe Weise zurück auf die Shopping Malls selbst. Einige Mall-Betreiber ziehen in ihren Einkaufszentren neuerdings Stadt-Kulissen hoch, errichten einen Themenpark in Gestalt von Städten. »Wir bauen richtige Straßen ein«, berichtete ein Mall-Betreiber aus San José, Kalifornien: »Wir bauen regelrecht eine Innenstadt nach.«[77]

Doch die Rache der Mall an der Stadt folgt auf dem Fuß. Heute werden Shoppingcenter immer häufiger in Citynähe hochgezogen, was die Innenstädte, die oft gerade erst wieder zum Leben erwacht sind, ein weiteres Mal verödet. Konsum und Kaufkraft wird dann in die Center abgezogen, innerstädtische Läden müssen schließen. In Schwerin, so ergab eine Untersuchung, hat sich der innerstädtische Ladenleerstand verdoppelt, nachdem ein citynahes Center eröffnete, in Bayreuth erlebten 27 Prozent der Händler einen »starken«, 39 Prozent einen »spürbar negativen« Einfluss auf ihren Geschäftsgang.[78]

Wenn, wie Stuart Hall sagt, »die materielle Welt der Waren und Technologien zutiefst kulturell«[79] ist, dann ist die Shopping Mall tatsächlich der paradigmatische Ort einer solchen »kulturkapitalisierten« Welt, in der am Ende soziales Leben, Kommunikation gar nicht mehr ohne Vermittlung von Waren vorstellbar ist. So gesehen ist die »Ver-Mallung« der Städte selbst nur konsequent – und gerade deshalb keine Kleinigkeit. Die Shoppingarchitektur ist die Form, in der sich der Konsumkapitalismus im Raum materialisiert. Dessen Zugriff auf alles und jeden spiegelt sich in der Totalität der Überformung des städtischen Lebensraums. »Shopping ist das Medium, mit dem der Markt den Griff auf unsere Räume, Gebäude, Städte, Aktivitäten und Leben festigt«, schreibt Sze Tsung Leong. Die Materialität der Shoppingarchitektur ist der Ausdruck, »bis zu welchem Maß die Marktwirtschaft unsere Lebensumwelt, und damit letztlich uns, hergerichtet

hat.«[80] Es würde viel zu kurz greifen, zu sagen, dass heute
»Shopping (als eine Aktivität) in der Stadt (als einem
Platz) stattfindet, vielmehr gilt, dass die Stadt (als eine
Idee) sich in der Shoppingzone (als einem Ort) materialisiert«, erklärt Jon McMorrough: »Eine aufeinanderfol-
gende Serie von Prozessen führte dazu, dass Shopping
heute Urbanität erst konstituiert.«[81] Kein Wunder, dass
schon das grundlegendste Verständnis dafür, was ein öffentlicher Ort ist und was womöglich die Vorzüge des Öffentlichen gegenüber dem Privatisierten und Kommerzialisierten sein könnten, nahezu verschwindet. Kein
Wunder auch, dass der Bürger streng genommen schon
längst »nicht mehr Herr im eigenen Haus« (*Die Zeit*) ist.
In Berlin hört ein ganzes Stadtviertel auf den schönen
Namen »Sony-Center«, in Hamburg heißt das einstige
Volksparkstadion »AOL-Arena«, in München wurde das
neue Stadion, die »Allianz Arena«, von Anfang an als
Werbeträger gebaut. Keine Aufführung in einem Theater,
vor der nicht durchgesagt wird, welches Telekommunika-
tionsunternehmen uns den Abend ermöglicht. Man wäre
versucht, zu sagen, dass die Marken die Lebensumwelt der
Menschen total kolonisieren, wäre eine solche Formulierung nicht längst nur beschränkt treffsicher – schließlich
behandelt der avancierte Kapitalismus heute die Menschen
in Wirklichkeit als die »Umwelt« des Systems.

Deshalb spricht der US-Theoretiker Fredric Jameson
auch von einem »Quantensprung der Entfremdung des
täglichen Lebens in der Stadt«[82], wobei der Entfrem-
dungsbegriff, so verwendet, gerade nicht die romantische
Folie eines ursprünglichen Lebens, etwa inmitten der
Natur, braucht. Nicht das Stadtleben entfremdet, wie das
manche nostalgisch-ökologische Kulturpessimisten proklamieren, sondern das Leben innerhalb von Räumen, auf
die die Individuen keinen Einfluss mehr haben. »Aneig-

Eine gesponserte Welt.
Stadien und ganze Stadtviertel werden an Firmen verkauft.

nung« öffentlicher Räume, schreibt die Frankfurter Philosophin Rahel Jaeggi, »bedeutet mehr, als dass man sie benutzt. ›Zu eigen‹ macht man sie sich, sofern diese von dem, was man in ihnen und mit ihnen tut, geprägt werden, sich durch die aneignende Benutzung verändern.«[83]

Die kommerziell genutzten schein-öffentlichen Räume schließen eine solche Aneignung aus und haben überdies Ortseffekte über die öffentlichen »Rest-Räume«, die nicht kommerziell genutzt sind – letztere werden zu dem Abfall, der nicht privatwirtschaftlich verwertbar ist, zu einer Art »innerem Afrika«. »Was und wer uninteressant für den privaten Verwertungsraum ist, wird abgeschoben in den verbleibenden öffentlichen Raum, der nichts anderes als nur noch vernachlässigt wird«, schreibt Guido Brendgens im Berliner Theorieorgan *Utopiekreativ*. Wer auf dem

Wert des Öffentlichen beharrt, gilt als hoffnungslos altmodisch. Dabei haben öffentliche Einrichtungen, selbst wenn sie tatsächlich grundsätzlich ineffizient und ihre Leistungen schlecht wären, noch immer einige wesentliche Vorteile gegenüber der kommerzialisierten Marktzone: in der kommerziellen Sphäre hat sich, was sich nicht rechnet, ganz schnell erledigt, auch wenn es weiter notwendig und nützlich wäre. Die Sphäre des Öffentlichen bietet – mit den dazugehörigen Subventionen – die Möglichkeit, das zu hegen und zu pflegen, was für Qualität, Kultur- und Wissensproduktion gesellschaftlich wertvoll, aber privatwirtschaftlich nicht profitabel ist. Die öffentliche Sphäre ist insofern sogar nützlich für die kommerziellen Branchen: Sie fördert und produziert die Ressourcen, etwa an Bildung, Sozial- und Humankapital, die von den Marktunternehmen wie selbstverständlich vorhandene Rohstoffe in ihren Verwertungsprozess eingespeist werden. Das ist schließlich der Grund, warum gut funktionierende Wohlfahrtsstaaten mit hoher Staatsquote praktisch immer eine höhere Produktivität aufweisen und meist auch wettbewerbsfähiger sind als Staaten ohne fortgeschrittenes Wohlfahrtssystem. Öffentliche Einrichtungen bieten aber auch einen Raum, in dem sich die Bürger, ungeachtet ihres sonstigen Status, als Gleiche begegnen. Funktionierender öffentlicher Nahverkehr und städtische Bäder zu erschwinglichen Preisen garantieren, dass sie von Wohlhabenden und Ärmeren gemeinsam benutzt werden und diese zumindest teilweise über gemeinsame Erfahrungsräume verfügen – und dass begrenzte monetäre Verhältnisse nicht notwendig mit extrem eingeschränkten Lebenswelten einhergehen. Der soziale Wohnbau stellt sicher, dass Reiche und Arme wenigstens rudimentär »ähnliche« Lebensbedingungen haben – zumindest ein Dach über dem Kopf und Heizung im Winter. Das Gegenmodell sind die Gesellschaften, in denen jeder für sein »Glück« verantwortlich ist. Sie versinnbildlichen sich in den »Gated Communities« der Reichen, die sich mit Mauern, hohen Zäunen und privatisierten Sicherheitsdiensten gegen die Welt der Anderen abschotten. Absurd ist es, in diesem Zusammenhang noch von »Gemeinwesen« zu sprechen.

Der Konsumkapitalismus macht die Welt hässlich. »Junk-Space«, nennt Rem Koolhaas in einem zornigen Manifest »die Summe unserer heutigen Architektur«: »Junk-Space ist das Ergebnis des Aufeinandertreffens von Rolltreppe und Klimatisierung, empfangen in einem Brutkasten aus Gipskartonplatten ... Die Schönheit der Flughäfen, besonders nach jedem neuen Ausbau! Das Glitzern der Renovierungen! Die Vielfalt der Shopping Malls! Lassen Sie uns den *öffentlichen Raum* erforschen, *Spielkasinos* entdecken, *Themenparks* untersuchen. ... Junk-Space ist additiv, schichtweise angeordnet und leichtgewichtig, zerstückelt ..., ausersehen, *Warenzeichen* zu tragen ..., er besteht nur aus Subsystemen ohne Konzept, aus verwaisten Partikeln auf der Suche nach einem Plan oder einem Muster ..., völlig chaotisch oder erschreckend steril und perfekt, undeterminiert und zugleich überdeterminiert.«[84]

Womöglich kann man die Shopping Mall als die DNA unserer Zeit bezeichnen.

4. Künstler sollst Du sein!

Wie Künstler und Bohemiens, die früher als Anti-Figuren zum berechnenden Wirtschaftsbürger galten, zum Ideal des modernen Arbeitnehmers wurden.

Es ist noch gar nicht so lange her, da galt der Künstler als der Gegenentwurf zum Geschäftsmann. Die Künstlerexistenz mit ihrem Hang zum Exzess, intensiven Erlebnissen und Grenzgängertum wurde verstanden als Antithese zur kalten Rationalität des Wirtschaftslebens, zum berechnenden Krämergeist des Bourgeois. Der Geniekult eines Hugo von Hofmannsthal oder Stefan George war zuvorderst eine Strategie, sich vom Mittelmaß des Wirtschaftsbürgers abzugrenzen. Voller Ekel wandte sich, wer als Künstler etwas von sich hielt, von der »ökonomischen Klasse« mit ihrer Pfennigfuchsermentalität und ihrem Konformismus ab. In allen Spielarten der Avantgarden des zwanzigsten Jahrhunderts fand dies seine Wiederkehr. Kanonisch war die Formulierung der russischen Futuristen aus dem Jahr 1913, die proklamierten: »Nun ist es Zeit, dass die Kunst ins Leben eindringe.« Das war als Angriff auf das Diktat des Ökonomischen, auf die fade Rationalität der verwalteten Welt gemeint. »Kunst ins Leben« hieß: Kunst rein, die Routine des Erwerbslebens raus. Das Versprechen auf Kreativität, Intensität, Risiko – kurzum: »Leben« – galt seit jeher als Programm gegen die Entfremdung des Erwerbslebens. Nur folgerichtig, dass der Begriff »Leben« selbst mythisch aufgeladen wurde. Bloße biologische Existenz wird vielleicht von Päpsten und Zellbiologen als »Leben« bezeichnet, nicht aber von den Männern und Frauen des Geistes. »Lebst Du schon?«, konnte demnach auch zu einer Frage werden, die polemisch gegen jene gerichtet wurde, deren enger Horizont sich auf Arbeiten, Verdienen, Konsumieren beschränkte. Kurzum: Der Bohemien war das Antimodell zum gewinnorientierten Wirtschaftsbürger. Die französischen Sozialwissenschaftler Luc Boltanski und Ève Chiapello haben in ihrer monumentalen Studie »Der neue Geist des Kapitalismus« herausgearbeitet, dass den Kapitalismus während seiner gesamten Entwicklung nicht nur antikapitalistische Kritik »wie sein Schatten«[85] begleitete, sondern dass es zwei Kritiken waren, die manchmal mehr, manchmal weniger miteinander verbunden vorgetragen wurden: die Sozialkritik und das, was sie die »Künstlerkritik« nennen. Während die Sozialkritik allen Ton auf die Ungerechtigkeit, die ungleiche Verteilung, die Not der Arbeitenden legte, hatte die Künstlerkritik ihren eigenen Sound. Sie verdammte den Kapitalismus »als Quelle der Entzauberung und der fehlenden Authentizität der Dinge«[86], beklagte, dass das Fabriksystem, die Hierarchien und der Trott im Büro die Selbstverwirklichung der Menschen verhinderten, ihre Kreativität verkümmern ließen und ganz allgemein ein Feind der Freiheit seien. Authentizität, Kreativität, Originalität, Freiheit waren die Schlüsselvokabeln dieser Kritik. Künstlerkritik nennen Boltanski und Chiapello diese Kritik deshalb, weil die Tugenden und Charakteristika des freien Künstlers der unfreien, entfremdeten Arbeit im Kapitalismus positiv entgegengesetzt wurden – als Modell für eine bessere Art zu leben, wie sie eine bessere Gesellschaft für alle garantieren würde.

Der Künstler galt also seit jeher als das große Andere des Wirtschaftsbürgers. Umso erstaunlicher ist, dass neuerdings der Künstler in einer kuriosen Volte als Exempel für das moderne Wirtschaftssubjekt präsentiert wird.

Heute gelten die Tugenden des Künstlers – die früher aus der Managementperspektive nichts als Untugenden waren – als wesentliche Voraussetzungen, will man wirtschaftlich Erfolg haben. Geistige Ungebundenheit, Offenheit für Neues, Fantasie, Spiel, Improvisationsfähigkeit, atypisches Verhalten und sogar kreative Anarchie – sie sind das, was heute vom neuen, zeitgemäßen Arbeitnehmer erwartet wird und vom »neuen Selbstständigen« sowieso. Diese »zentralen Werte der Künstlerkompetenz«[87], schreibt der Pariser Soziologe Pierre-Michel Menger, werden nach und nach auf alle Produktionsbereiche übertragen. Die Symbolanalytiker und Zeichenspezialisten, die kulturkompetenten Wissensarbeiter werden zur Avantgarde der Wirtschaftssubjekte und zum Kern einer »kreativen Klasse«. Schöpferischer Erfindungsgeist wird zum Motor betriebswirtschaftlicher Innovation in den hippen Kleinunternehmen der »Kreativwirtschaft« – und über diese hinaus. Menger: »Die romantische Vorstellung des rebellischen und subversiven Künstlers gehört der Vergangenheit an. Jetzt gilt der schöpferische Mensch als modellhafte Figur des neuen Arbeitnehmers. ... Die aus dem 19. Jahrhundert ererbte Vorstellung, die den Idealismus und die Selbstaufopferung des Künstlers gegen den berechnenden Materialismus und die Arbeitswelt ausspielte und der Figur des originellen, provozierenden und rebellischen Künstlers die Gestalt des konformistischen und spießbürgerlichen Bourgeois entgegenhielt, hat ausgedient.«[88] Und mit den Künstlertugenden begannen sich auch die formalen Merkmale der Kulturberufe in anderen Berufsgruppen zu verbreiten: Flexibilität, Mobilität, kurzfristige Engagements, chronische Unsicherheit.

Aus der Forderung nach der Einheit von Kunst und Leben wurde die Einheit von Kunst und Wirtschaftsleben.

Die Gründe hierfür sind mannigfaltig. Für Menger ist

die Propagierung des »freien«, »kreativen« Arbeitnehmermodells – mit seinen Spielarten von Scheinselbständigkeit, Projekt- und Teilzeitarbeit – der mächtige Modus, wie die sozialen Wohlfahrtsökonomien des Westens in den vergangenen Jahrzehnten sukzessive ungleicher gemacht wurden. Das Hohelied auf die Kreativität sei also strategisch raffiniert angestimmt worden – von den ökonomisch Mächtigen, in deren egoistischem Interesse, und die meist jugendlichen Selbstverwirklichungs-Fans hätten sich zu Agenten des Neoliberalismus instrumentalisieren lassen, meist ohne das überhaupt zu realisieren. Ève Chiapello dagegen sieht die Sache etwas anders. Schließlich habe die Managementkultur mit den Bestrebungen der Arbeitnehmer nach mehr Autonomie lange große Schwierigkeiten gehabt: »Das wird sehr deutlich, wenn man die Managementliteratur der sechziger Jahre nachliest«, erklärt sie. »Mit der Sozialkritik konnte das Management leichter umgehen – man gewährte Lohnerhöhungen, es gab soziale Kompromisse. Mit der zweiten Art der Kritik war das nicht so leicht. Immer wieder wird in der Literatur betont, Mitsprache und Selbstbestimmung könnten im Unternehmen nicht gewährt werden, Freiheit und Kreativität hätten im Unternehmen keinen Platz.« Die »Künstlerkritik« fiel langsam auf fruchtbaren Boden, »weil die Motivation der Beschäftigten sank. Und so wurde im Managementdiskurs zunehmend die Frage bedeutend, wie man die Motivation der Beschäftigten durch mehr Freiheit in der Arbeitsorganisation erhöhen kann.« Wie sehr sich die Unternehmensstrategen die Sehnsüchte nach Autonomie und Selbstverwirklichung auch zunutze gemacht haben mögen, so war doch entscheidend, meint Chiapello, »dass die Beschäftigten diesen Wandel auch wirklich wollten. Nur, weil er auf ein Bedürfnis reagierte, konnte dieser Wandel so erfolgreich sein.«[89]

Noch mehr als bewusste Strategien – seien es die der Unternehmer, seien es die der Arbeitnehmer – hat aber wohl die materielle Verwandlung des Industriekapitalismus in den technisch avancierten Kulturkapitalismus die Metamorphose des Künstlers zum Role Model für das Wirtschaftsleben bewirkt. Die Notwendigkeit zur Beweglichkeit und Wendigkeit auf unsicheren Märkten, auf denen, was heute gilt, morgen schon meist veraltet ist, macht die Witterung für Trends, den Instinkt für das »Next Big Thing«, die avantgardistische Wucht, mit der Altes verabschiedet wird – also all das, was in den avancierten Künsten zum guten Ton gehört –, zu einer unerlässlichen Voraussetzung für ökonomische Erfolge. Nichts ist so wertvoll wie eine gute Idee. Nur ein Beispiel: Das Webvideoportal YouTube, das gerade 67 Angestellte hat und über nichts verfügt als eine Geschäftsidee und viel Webspace, wurde Ende 2006 für 1,6 Milliarden Dollar an Google verkauft. Und wenn, wie in den vorangegangenen Kapiteln ausgeführt, weniger die sachliche, praktische Seite einer Ware, sondern die kulturelle, symbolische das Entscheidende ist, dann wächst logischerweise auch die Bedeutung derjenigen, die dafür die Experten sind: die Bedeutung der Kreativen, der Spezialisten für das Zeichenhafte und das Symbolische, der Formmächtigen, Designer und Content-Provider, derjenigen, die das Mirakel vollbringen können, ein simples Ding mit einer Erzählung zu versehen. Das hat Auswirkungen auf fast alle Unternehmen, weil in ihnen die Dinge an Bedeutung gewinnen, die für die Kreativen seit jeher bedeutend sind – in ihnen wird das Emotionale, Affektive und Narrative wichtiger. Kommunikative Kompetenzen werden nicht nur entscheidend für den Erfolg *des* Unternehmens, sondern sie werden auch zum Hauptfaktor für beruflichen Erfolg *in diesen* Unternehmen.

Die Emotionen und Affekte werden direkt verwertbar.

Das macht das Ökonomische emotionaler – und die Emotionen instrumenteller.

Dieses neue »Kreativitätsparadigma« formt alle Erwerbszweige um, hat aber auch Auswirkungen auf die Künste selbst – im engeren wie im weiteren Sinn. So wie die Wirtschaftswelt als Ganzes künstlerischer wird, so wird die Kunstwelt ökonomischer. Aus der Erfahrung, dass sich kulturelle Kompetenzen ökonomisch rechnen *können*, entpuppte sich im Handumdrehen der Imperativ, dass sich kulturelle Kompetenzen rechnen *sollen*, ja *müssen*. »Kein kultureller Event mehr ohne Verweis auf die gestiegenen Hotelbettenzahlen und Restaurantumsätze«[90], schreibt die ehemalige Berliner Kultursenatorin Adrienne Goehler in ihrem Buch »Verflüssigungen«. Subventionsgeber und Mäzene erwarten heute einen expliziten und unvermittelten *Return of Investment*. War früher noch von »der Kunstwelt« oder »der Kunstszene« die Rede, so sind die Catchphrasen heute »Creative Industries« und »Creative Classes« – Erstere seien die Avantgarde- und Leitbranchen unserer Zeit, Letztere sind die Leute, die in diesen arbeiten. Wobei die Creative Classes nicht nur die alten Künstlertätigkeiten umfassen, sondern logischerweise in viele andere Berufsfelder diffundieren, sofern kulturelle Kompetenzen in diesen an Bedeutung gewinnen (also in nahezu alle). Tendenziell werden alle Industrien zu »Creative Industries«.

Schon stellen die Kulturberufe in der Bundesrepublik mehr Arbeitsplätze als die traditionell zentrale Automobilindustrie, rechnet Adrienne Goehler vor, die jährliche Wertschöpfung liegt bei 30 Milliarden Euro – ist also mit dem gesamten Energiesektor vergleichbar. In den USA werden den »Cultural Creatives« bei einer Gesamteinwohnerzahl von 300 Millionen Menschen rund 50 Millionen Menschen zugerechnet – nur unwesentlich weniger, als Frankreich Einwohner hat. »Die Konzentration kreativer und talentierter Leute ist ausgesprochen bedeutend für Innovation«, rechnet Richard Florida vor, der mit seinem Buch »The Rise of the Creative Class« den Begriff erst populär machte. Gewiss kann man fragen, ob Sänger und Werbetexter, Romanciers und TV-Moderatoren, Poeten und Popsternchen, Weltstars und Lokalcelebrities, Barenboim und Bohlen, Webdesigner, Universitätsprofessoren, Kulturmanager, Innenarchitekten, Handyklingeltonprogrammierer, die *Vanity-Fair*-Redakteurin, die Redaktionsassistentin bei RTL, Yoko Ono und Nadja Abd el Farrag wirklich alle Teil einer einzigen »Kreativen Klasse« sind. Dennoch ist der Begriff nicht ganz unbrauchbar, sind sie doch alle Zeichenproduzenten, die am imaginären und symbolischen Fundus unserer Zeit arbeiten – alle eben auf ihre Weise. Und zudem hat ihr aller Tun heute viel unmittelbarere nationalökonomische Auswirkungen als früher etwa das Komponieren Beethovens, das Dichten Hölderlins oder selbst das Bauen Schinkels. Das intellektuelle Kapital der Künstler-Unternehmer stellt den »Motor dieser neuen Ära« dar, schreibt Jeremy Rifkin. Während physisches Kapital für Unternehmen mehr und mehr als Betriebskosten gesehen wird, sind »Konzepte, Ideen und Bilder – keine Gegenstände – die wahren Wertgegenstände dieser neuen Wirtschaftsordnung«[91]. Die Kulturkreativen sind die Leitgestalten, und wenn sie auch bei Weitem nicht die Mehrzahl der Beschäftigten stellen, so sind sie doch die Minorität, der die Zukunft gehört, und darum ist es nicht so verwunderlich, wenn Werte wie Kreativität, Autonomie, Selbstverwirklichung – die früher Vokabeln des Rebellischen waren – zu gefragten Tugenden im Wirtschaftsleben werden, auch weit über die Grenzen der Kreativbranchen hinaus.

Ist das alles nur heiße Luft? Nun, man hüte sich vor

vorschnellen Urteilen. Wenn das Simulacrum des Tauschwertes beinahe schon die schiere Erinnerung an den Gebrauchswert auslöscht, dann sind die Meister des Symbolischen entscheidend für die Warenproduktion. »Markenprodukte, Alltagsobjekte, massenproduzierte Konsumartikel sind primäre Identifikationsmerkmale einer konsumorientierten und marktwirtschaftlich organisierten Gesellschaft«, schreibt der Kulturtheoretiker Max Hollein. »Dabei sind die Rituale und Zeichen des Shoppings oft nicht weit von denen der Kunstwelt entfernt … Die Ästhetik der Waren, der Glanz der Dinge erzeugt eine synthetische Umgebung des permanenten Begehrens und Begehrt-sein-Wollens. Waren bekommen dabei eine neue Identität, Bedeutung und Seele.« Anders gesagt: Wenn alle Waren den Charakter von Kulturgütern haben, dann werden »auch alle kulturellen Produktionen zu Waren« (Bazon Brock).

Die »Kulturwirtschaft« ist das am schnellsten wachsende Segment der Ökonomie. Die »Kreativen Klassen« – gerne auch »Bourgeois Bohemiens«, salopp »Bobos«, genannt – konzentrieren sich in ausgesuchten urbanen Ballungsräumen (was im Umkehrschluss heißt, dass ganze Regionen »nahezu entvölkert«[92] von den kreativen Klassen sind). Mit leiser Ironie schreiben die kanadischen Autoren Joseph Heath und Andrew Potter: »Sie müssen in einer ›coolen Umgebung‹ leben, zusammen mit einer großen Zahl von Gleichgesinnten. Die Stadt … muss sich auf die Bedürfnisse der kreativen Klassen einstellen« und benötigt dafür »jede Menge schicke Cafés, vegetarische Restaurants und Spezialitätenläden. Sie benötigt eine multikulturelle, tolerante Bevölkerung mit vielen Einwanderern und Schwulen, dazu eine lebendige Musik- und Kneipenszene.«[93] Wer wildes Leben, lebendige Viertel, ein buntes Puzzle unterschiedlicher Lebensstile für erstrebenswert hält, muss heute nicht mehr grundsätzlich argumentieren und schon gar nicht mehr mit großer Rebellengeste gegen die normative Macht des Konformismus auftreten – er hat das unschlagbare Argument zur Hand, dass der postmoderne Kapitalismus von einem erfolgreichen Wirtschaftsstandort genau das erwartet, dass heute also nicht mehr die Künstlertugenden dem Geist des Kapitalismus widersprechen, sondern im Gegenteil die engstirnigen Vorurteile der »Normalos« gefährlich wirtschaftsfeindlich seien.

Wer den Wirtschaftsstandort fit halten will, muss also gefälligst die Boheme fördern.

Früher gab es nicht selten das Vorurteil normal beschäftigter Angestellter und Arbeiter, die Künstler würden »auf unsere Kosten« leben. Heute stellt sich die Sache eher umgekehrt dar: Jetzt wird den Bürohengsten in Behörden und Betrieben vorgehalten, sie trügen nicht genug zur Steigerung des Sozialproduktes bei, ganz im Unterschied zu den Kreativen, die auch noch ganz ohne die soziale Absicherung auskommen, die Flexibilität ohnehin nur behindert.

Wie toll und wichtig die Kreativität für die Förderung des BIP ist, ist längst keine bloße Meinung mehr, denn schließlich kann man das messen, und deshalb hat heute jedes urbane Zentrum, das auf sich hält, seinen regelmäßig aufgelegten »Kulturwirtschaftsbericht«, in dem der Entwicklungsstand der »Creative Industries« fakturiert und bilanziert wird – und festgelegt, wie die Bedingungen für diese Leitbranche des 21. Jahrhunderts verbessert werden können. So ist beispielsweise im kulturwirtschaftlichen Bericht von Nordrhein-Westfalen aus dem Jahr 2001 vermerkt, dass es im Jahr 1999 rund 47 700 kulturwirtschaftliche Betriebe und Selbstständige gab, was einem Anteil von 7,6 Prozent aller Unternehmen im Lande entsprach. Zusammen erwirtschafteten sie einen Umsatz in der

Höhe von 37,9 Milliarden Euro, somit 3,6 Prozent der Gesamtwirtschaftsleistung. Innerhalb der drei vorangegangenen Jahre gab es ein Umsatzwachstum von 21 Prozent – überdurchschnittlich, vergleicht man diese Zahl mit dem Umsatzzuwachs der Gesamtwirtschaft von 10 Prozent. Die größten Teilmärkte waren Literatur-, Buch- und Pressemarkt, die Film- und Fernsehwirtschaft und die Musikwirtschaft. Im Jahr 2000 gab es etwa 280 000 kulturwirtschaftliche Arbeitsplätze in Nordrhein-Westfalen – ein Beschäftigungszuwachs von neun Prozent in vier Jahren (Gesamtwirtschaft: zwei Prozent). »Über diese offenkundigen wirtschaftlichen Effekte hinaus erbringt die Kulturwirtschaft wichtige Leistungen für andere Branchen. Sie ist zum Beispiel inhaltlicher Impulsgeber (z. B. für Design-Innovationen in der Modewirtschaft), Lieferant von Produkten und Leistungen (z. B. »Content« für die Medien- und Informationsbranche) ... oder sie ist Mehrwertlieferant (z. B. Musikveranstaltung als Frequenzerzeuger für die Tourismusbranche).« Die Hauptbotschaft lautet, dass die »Wertschöpfungsbeiträge der Kulturwirtschaft ›im Netz der Branchen‹« eher noch »unterschätzt« werden. Resümee: »Ein kulturwirtschaftlicher Input bestimmt in beachtlichem Maße den wirtschaftlichen Erfolg anderer Branchen mit, vor allem im Tourismus und in den designbezogenen Branchen. Die Kulturwirtschaft unterstützt Branchen bei der Positionierung in Märkten mit zunehmender Ausdifferenzierung der Zielgruppen. Die Kulturwirtschaft hilft beim Strukturwandel von Branchen und Regionen.«

In der Studie »Kulturberufe« aus dem Jahre 2004, diesmal sogar von der deutschen Bundesregierung in Auftrag gegeben, werden die gleichen Töne angeschlagen. Die Kulturberufe zeigten überdurchschnittliches Wachstum, die Zahl der Selbstständigen innerhalb der Kulturberufe wächst »viermal schneller als die Gesamtgruppe aller Selbstständigen innerhalb der erwerbstätigen Bevölkerung«[94]. In den Creative Industries sei eine Dynamik auszumachen, die sie als »das aktuelle Anschauungsmodell der zukünftigen Entwicklung auch für andere Berufsgruppen und Märkte« erscheinen lasse, so die Prophezeiung. Ein Urteil, zu dem die britischen Forscher Charles Leadbeater und Kate Oakley vom Labour-nahen Think-Tank Demos schon im Jahr 1999 kamen. »The Independents«, also die neuen Kulturunternehmen, seien »Britanniens dynamischste Industrien«, schrieben sie. 50 Milliarden Pfund würden in den Kreativindustrien jährlich von 982000 Beschäftigten umgesetzt. Möglich sei dies alles durch das Internet und die neuen Technologien geworden und habe deshalb die Dynamik der Zeit auf seiner Seite. In der Kulturwirtschaft herrsche ein kooperativer Arbeitsstil, hier dominierten Individualisten, die »Anti-Establishment«, »anti-traditionell« eingestellt und bereit seien, für ihre »Selbstverwirklichung« auch »Selbstausbeutung« in Kauf zu nehmen. Kurzum: Hier wehe ein Geist der Freiheit und er bringe frischen Wind in verödete Städte. »Diese Independents sind nicht nur eine Quelle des Wachstums und der Arbeitsplätze der Zukunft, sondern sie stellen das Modell dar, wie sich künftig auch in anderen Sektoren Arbeit und Produktion wandeln werden.«[95]

Mit anderen Worten: Die Handarbeiter sterben aus, es leben die Kreativen! Und die paar Güter, die noch manuell gefertigt werden, könnten auch nicht an den Mann und an die Frau gebracht werden, würden sie von den Spezialisten für den schönen Schein nicht ordentlich aufpoliert. Auch in Berlin hat die rot-rote Regierung aus SPD und Linkspartei/PDS erkannt, dass die ökonomisch darbende Metropole nur durch strategische Innovationen in der »Creative Industrie« überleben kann, eine Chance, die umso verlockender ist, als es in Berlin, ohne großes Zutun der Politik übrigens, nur so von kreativen Leuten wimmelt, die bis obenhin prall mit Ideen gefüllt sind. »Kreative Ideen gibt es genug, aber das unternehmerische Know-how fehlt oft«, so der Berliner PDS-Wirtschaftssenator Harald Wolf.

Zwar hat Berlin zurzeit kein Geld, aber viel Kreativität, was sich, so die implizite Prognose, auf lange Frist auch in bare Münze übersetzen wird. »Arm, aber sexy«, lautet das Motto.

Dass das enorme Potential der »Creative Industries« genützt werden müsse, gehört heute schon zu den Ratschlägen, die mit besonderem Nachdruck von den wirtschaftsliberalen Think-Tanks an die Politik herangetragen werden. Es gäbe einen überdurchschnittlich hohen Anteil von Creative Industries in Wien, sagt etwa Hannes Leo vom Österreichischen Institut für Wirtschaftsforschung. »Es gibt aber kaum Unternehmensstrukturen in diesem Bereich. Gekoppelt mit der Reputation, die Wien in diesem Sektor bereits hat, und den Möglichkeiten der neuen Medien, bietet sich für die Wiener Stadtpolitik an, die Wirtschaftskraft dieses Sektors zu entwickeln. Die Professionalisierung und Kommerzialisierung dieses Sektors«, so Leo, dürfte freilich »die künstlerische Freiheit oder die Kreativität« nicht einschränken – die Strategie dürfe nicht sein, »aus Kunst Kommerz zu machen«.

Auf welch mirakulöse Weise das verhindert werden soll, sagte er nicht dazu. Denn natürlich wäre es blauäugig anzunehmen, der Jargon der Wirtschaftlichkeit hätte keine Auswirkungen auf die Künste, die Rahmenbedingungen, unter denen Künstler arbeiten – und auf ihre Lebenswelten. Die Kunst selbst wird etwa zu einem Vehikel städtischer Aufwertungsprozesse, für das, was die Städteplaner »Gentrification« nennen – den Bevölkerungsaustausch in einstmals heruntergekommenen Quartieren, aus denen die Unterprivilegierten weggemobbt werden und in die kaufkräftige, stilbewusste urbane Mittelschichten einziehen. Damit fällt der Sauerteig, den ein avanciertes künstlerisches Milieu braucht, in sich zusammen. Ob im Prenzlauer Berg, in Berlin-Mitte oder im Schleifmühlviertel in Wien, überall gilt: »Was als Suche von Künstlern nach billigen Atelierräumen und einer ›authentischen‹ Umgebung begann, zog unweigerlich Galerien und schließlich Bars, Cafés und Designgeschäfte an, die vom kreativen Image der Gegend profitieren wollen.«[96] Das Resultat sind Quartiere mit hoher Lebensqualität, in denen aber sehr schnell all das auf Messers Schneide steht, was sie ursprünglich möglich machte: Für Experimente ist der Wohnraum bald zu teuer, der Zuzug versiegt, eine neue Generation von Kreativen sucht sich ein neues Viertel, das heute ein Geheimtipp, morgen hip und übermorgen der Magnet zahlungskräftiger Touristen aus aller Welt ist. Es ist ein ständiges Nomadentum, ein ewiges Im-Kreis-Gehen, wie Moses' vierzigjähriger Zug durch die Wüste. Nur dass heute das gelobte Land erreicht wird, aber immer wieder auf wundersame Weise unter den Füßen verlorengeht.

All das hat gelegentlich recht kuriose und skurrile Seiten. Als der avancierte Wiener Musik-Subkultur-Schuppen »Fluc« hip wurde, dauerte es natürlich nicht lange, bis ihn auch die Mainstream-Yuppies entdeckten. Das Stammpublikum freute das erwartungsgemäß gar nicht. Gelegentlich stellten sich ein paar Punks vor der Tür auf, um die Yuppies zu bespucken. Aber das machte den Laden natürlich besonders interessant: Echte Punks, die sich noch so aufführen wie Punks in den legendären achtziger Jahren! Mittlerweile ist der Widerstand zusammengebrochen.

Der Verwertungslogik entzogen? Oder doch nur eine Marktnische?
Alternativer Kunsthof in Berlin-Mitte

Wer heute im »Fluc« nach Streichhölzern fragt, bekommt eine Schachtel, auf der über dem »Fluc«-Schriftzug das Logo der Zigarettenfirma »Benson & Hedges« prangt. Und auf der Rückseite des Containerbaus, in dem das »Fluc« residiert, kann man lesen, dass der schräge Laden unter anderem von der »Bank-Austria« gesponsert wird, dem führenden Kreditinstitut des Landes. Warum auch nicht? Die Miete will bezahlt, die Künstlerhonorare müssen überwiesen werden. All das sind eher Symptome einer Problemlage, aus der der einzelne Clubbetreiber oder der einzelne Künstler kaum entfliehen können.

Die Kunst wird zum wichtigsten Vehikel für das, was man heute die Rivalität von Wirtschaftsstandorten nennt. Schon ist in aller Welt voller Bewunderung – und mit einer Prise Neid – vom »Bilbao-Effekt« die Rede. Damit wird auf den bemerkenswerten Aufstieg der einstmals ziemlich bedeutungslosen baskischen Provinzstadt zu einem der neuesten Fixsterne des globalen Kulturtourismus angespielt – und zwar, weil die Stadt zu einer Metropole postmoderner Architektur umgeformt wurde. Neues Wahrzeichen der Hafenstadt ist das spektakuläre Guggenheim-Museum, entworfen vom Stararchitekten Frank O. Gehry, aber auch eine Fahrt mit der Metro ist ein Erlebnis: Die Bahnhöfe baute schließlich der britische Architektenfürst Sir Norman Foster. Das brachte der Stadt nicht nur einen fixen Platz auf der Route des kunstinteressierten Jetsets, sondern die Aura als Mekka der Postmoderne ein – und damit unwiderstehliche Anziehungskraft auf Investoren. Die Marke Guggenheim und die Marke Gehry machten aus Bilbao selbst eine begehrte Marke. Man kann das als eine Art »Re-Branding« einer Stadt beschreiben, welches einen nicht unwesentlichen Beitrag zu dem leistete, was man wiederum ohne viel Ironie das »Re-Branding« der »Marke Spanien« nennen kann – denn auch Nationen, darauf wird noch zurückzukommen sein, funktionieren heute nicht viel anders als Marken. Ihr Wohl und Wehe ist davon bestimmt, dass sie ein Image haben, das sie entweder begehrenswert oder, im Gegenteil, uninteressant (wenn nicht gar abstoßend) erscheinen lässt. Heute strömen jedenfalls kaufwütige Kulturhabitués nach Bilbao, wohingegen vor 1997, also bevor das Guggenheim-Museum eröffnete, »die einzigen Leute, die die Stadt besucht haben, Seemänner waren«.[97]

Doch auch für diesen Bedeutungszuwachs zahlen die Künste ihren Preis. Denn wenn spektakuläre Kunstschauen, global gehypte Festivals und massenwirksame Aufführungen für den wirtschaftlichen Erfolg einer Stadt an Relevanz gewinnen und diese Stadt sich wiederum als Wirtschaftsstandort sieht, der mit anderen Wirtschaftsstandorten (die ihrerseits Kulturstandorte sind) in harter Konkurrenz steht, dann wird natürlich das favorisiert, was den größten Effekt verspricht, das, was buchstäblich »funktional« in diesem neuen Sinn von Funktionalismus ist: die aufsehenerregenden Blockbuster, die Inszenierungen der »Big Names«, die Celebrities, die Schlagzeilen garantieren, die Produktionen der wilden Genies, deren Rebellentum man zwar nicht so genau versteht, mit denen man sich aber gerne schmückt. Wer diesen Markt bedient, hat die besseren Karten, wird von den Kulturverantwortlichen mit Subventionsmillionen überhäuft, ja, für den werden ganze Museumsstädte neu aufgebaut, wie etwa das Wiener Museumsquartier MQ – wer auf das Experimentelle setzt, auf die Nische gar, wer Räume offenhalten will, wo Neues erprobt werden kann, der muss eigentlich eine Schraube locker haben und an dem werden die Geldflüsse deshalb auch meist vorbeigeleitet. Gewiss, für ausgesuchte »vielversprechende« Teams und Produktionen gibt es Förderungen in homöopathischen Dosen, was dann meist als eine Art »Investment in die Zukunft« legitimiert wird: Schließlich ist die Subkultur-Größe von heute womöglich die Celebrity von morgen und damit eine Geldanlage wert, die, nach der Art des »Venture Capitalism«, also der Risikokapitalanlage, ein zwar ungewisses, aber möglicherweise hohes »Return of Investment« verspricht.

Doch als würde all das noch nicht reichen, ist es mit dem bisher Gesagten in Hinblick auf die Einpassung von Künstlerstrategien zur Entfachung eines wirtschaftlichen »Wind of Change« noch längst nicht getan. Die Kreativen sollen nicht nur zum Reichtum der Gesellschaft einen entscheidenden Beitrag leisten, im Grunde sind die Kreativen diejenigen, von denen der Umbau der Gesellschaft selbst erwartet wird. So fordert Adrienne Goehler etwa: Eine Politik, die konservativ in dem Sinne ist, dass sie das Bestehende bewahrt und sich nur mit Verzögerung an die Erfordernisse des sozialen und ökonomischen Wandels anpasst, sollte den Künstlern zumindest einen Teil ihres Terrains räumen. Die Politik sollte die Ressourcen der Kultur besser nutzen, um die Gesellschaft zu einer regelrechten »Kulturgesellschaft« umzubauen: »Von einem lenkenden Staat zu einer denkenden und tätigen Gesellschaft.«[98] Was das sein soll, will sie zwar so exakt nicht sagen, aber man kann es sich etwa so vorstellen: Im Ausprobieren und Nutzen, was funktioniert (sowie: Bleibenlassen, was nicht funktioniert), seien die Kulturkreativen ja perfekt spezialisiert – und genau das sei es, was moderne Gesellschaften brauchen, um funktionstüchtig zu bleiben. Die Kulturkreativen erscheinen aus dieser Perspektive als die Turnlehrer oder besser Aerobictrainer einer etwas eingerosteten Gesellschaft, die darauf getrimmt werden müsse, ständig in Bewegung zu bleiben – zum Wohle des globalen Wettbewerbs, zum Zwecke der stetigen Anpassung an soziale Rahmenbedingungen, die heute in einer permanenten Revolution eigener Art ständig in Fluss sind. »Der Rohstoff des 21. Jahrhunderts ist Kreativität – und nicht mehr Stahl«, proklamiert Goehler. »Deshalb geht Politik an der ökonomischen Entwicklung vorbei, wenn sie die Künste und die Wissenschaften weiterhin als Subventionsempfänger versteht und nicht als Investitionsgut.«[99]

All das hat natürlich vielfältige Folgen. Die simpelste davon: Berührungsängste gegenüber Kapitalgebern, die Künstler aus Angst vor Kommerzialisierung lange hatten, sind heute meist nicht mehr auszumachen. So wurde bei den Filmfestspielen in Cannes vor zwei Jahren ein ästhetisch wunderbarer Kurzfilm des amerikanischen Meisterregisseurs Spike Lee vorgestellt. Er erzählte mit den Mitteln Hollywoods eine Geschichte über das Lebensgefühl in der Großstadt, die vorbeirauscht, während die imaginäre Hauptperson im Auto fährt. Das Erstaunliche daran: Es war ein Werbefilm für BMW.[100] »Die Entertainmentindustrie war schon immer die größte Marketingmaschine der Welt«, sagt Torsten Müller-Östvös, der Marketingchef von BMW. »Das werden wir uns zunutze machen.« Was derzeit zwischen Kultur und Kommerz vor sich gehe, »ähnelt einer Versuchsreihe in einem gigantischen Genlabor«, urteilt *Die Zeit* – übrigens in ihrem Wirtschaftsteil. »Formen werden vermischt. Grenzen aufgebrochen. Genetische Codes von Kultur und Werbung neu zusammengeschweißt. Früher Undenkbares ist ohne weiteres möglich geworden«. So führte im Frühjahr 2005 der Popstar Lee Hyo Lee die koreanische Hitparade an – mit dem Lied *Anymotion*, das vom Elektronikhersteller Samsung bezahlt wurde. Es war ein Loblied auf ein neues Handy. Und Christina Aguilera hat ihr Lied *Hello*, das für den Start der neuen Mercedes-Benz A-Klasse im Jahr 2004 komponiert wurde, exklusiv an den Automobilkonzern verkauft.

Natürlich kann man sagen, dass die Strategien von Hollywood und des Popentertainment seit jeher kommerzialisiert waren, dass dies eben die Eigenart jener Phantasiefabriken ist, deren banalisierende Effekte schon Theodor W. Adorno und Max Horkheimer im legendären »Kulturindustrie«-Kapitel ihrer »Dialektik der Aufklärung« in dunklem Moll tönendem Sound verdammt haben (jener Adorno, der schon Jazz für Teufelszeug hielt). Man kann sagen, wenn Millionen in den Kulturbetrieb gepumpt werden, verbessern sich die Optionen vieler Künstler – und die Chancen derer, die nicht so marktgängig produzieren, werden nicht notwendig eingeschränkt. Dennoch gilt auch hier, was die Philosophin Rahel Jaeggi allgemein so formuliert: »Während Freiheit des Marktes Optionen einer bestimmten Art multipliziert, droht sie andererseits die Vielfalt qualitativ voneinander unterschiedener Lebensmöglichkeiten zu beschränken.«[101] Vermarktlichung, können wir auch in Bezug auf die Künste und die Kultur im weiteren Sinne sagen, multipliziert die Möglichkeiten derer, die zumindest potenziell ökonomische Verwertbarkeit versprechen, und löscht die schiere Erinnerung an all das, was ökonomisch keinen Profit verspricht.

So ist das Kommerzielle eine Art spezifischer Äther, der alles einfärbt und nichts unberührt lässt. Die »hohe«, die »echte«, die »wahre« Kunst muss davon aber doch nicht notwendigerweise infiziert werden? Aber wo ist sie zu Hause, diese saubere Kunst, die sich die Finger nicht schmutzig macht? Vielleicht in der Schreibstube des Romanciers, der sperrige Zeilen in seine Schreibmaschine hackt und den zum Glück noch niemand kennt und zu TV-Talks einlädt, weil er an seinem ersten Roman arbeitet – und der deshalb noch nicht befallen ist vom Virus des »sich selbst zur Marke Machens«, des »Sich-Verkaufens«

Kunst wird zum Werbeumfeld.
Plakat an der Komischen Oper, Berlin

und des »Den-Roman-Hypens«. Vielleicht im Tonstudio, in dem die spätmoderne Komponistin schrille Töne aneinandermontiert und Harmonien meidet, damit ein Stück entsteht, das niemand hören will – die einzige übrig gebliebene Strategie, sich »dem Markt« zu entziehen. Von solchen exzentrischen Bahnen abgesehen, werden die Künstlerstrategien heute immer mehr von Markenstrategien überformt.

Damit hier kein falscher Eindruck entsteht: Künstlerstrategien und Markenstrategien stehen natürlich seit jeher in einem symbiotischen Verhältnis, aber heute tun sie

das in einem solchen Grade, dass sie zunehmend ununterscheidbar werden. Gewiss, die Strategien der Kunstwelt,
mit ihrem Hang zum Glamourösen und dem Starkult, lie-
ferten zunächst eher der Warenwelt den Rohstoff: Erst hat
das Marketing mehr auf die Kunst geschielt als vice versa.
Künstler waren Stars, bevor noch Marken zu Stars wurden. Nicht die Kunst wurde versachlicht, die Waren wurden verpersönlicht, könnte man sagen – man hat sie mit
Attributen versehen, die früher Stars vorbehalten waren.
Doch die Verbindung von Ware, Business und Kunst geht
heute mit einer »Glamourifizierung der Kunstszene«[102]
einher – und damit mit der Durchsetzung von Strategien
zum Verkauf von Waren in der Kunstwelt. Kunst ist heute
dann erfolgreich, wenn sie wie Mode ist: »der letzte
Schrei«. Während es »bislang eher die Mode war, die
gleichsam auf die Kunst schielte«, schreibt Isabelle Graw
in der Zeitschrift *Texte zur Kunst*, so »ist diesbezüglich
eine Verschiebung eingetreten, so dass die eine Welt – die
Kunstwelt – mehr und mehr die Züge der anderen – der
Modewelt – anzunehmen scheint. … Hinzu kommt, dass
kulturindustrielle Prinzipien – etwa das Prinzip ›Celebrity‹ – mittlerweile auch in der Kunstwelt gelten. Aber
auch Modemacher erklären ihre Entwürfe expliziter als
zuvor zu Kunst, indem sie Auflagen begrenzen und
›Editionen‹ produzieren.«[103] Das Künstlerischste am
Künstler ist nicht das Werk, sondern der Künstler selbst –
alles, so Graw, »hängt vom öffentlichen Auftritt ab. Entscheidend für die Glaubwürdigkeit ist, ob der Künstler
›glaubwürdig‹ erscheint, mithin eine ›Persönlichkeit‹ dar-
zustellen vermag, die gewissermaßen auf sein Werk ab-
strahlt.« Entscheidend ist für den Status des »Künstlers«,
ob er den Künstler zu verkörpern vermag. Wie Branding-
experten versuchen Künstler, »ihre Arbeit als wiederer-
kennbare, verlässliche Marken zu etablieren«. Joe Cappo,

ein Veteran der amerikanischen Werbebranche und Autor des Buches »The Future of Advertising«, sagt: »Neu ist, dass Leute, die sich früher als Künstler begriffen hätten, jetzt Vermarkter sind.«[104]

Das Attribut »Celebrity«, zunehmend inflationär gebraucht, ist das Wort der Epoche. Celebrities sind berühmt fürs Berühmtsein, und dieses Berühmtsein koppelt sich, jedenfalls wenn der Celebritystatus einmal etabliert ist, von der realen Leistung des Künstlers ab. Mehr noch: Die Celebrity-Aura färbt das Kunstwerk ein: Es ist begehrt, weil es das Werk der Celebrity ist.

In einer kuriosen Kernschmelze werden die Künstler zu Marken und gleich auch zu Marketingexperten ihrer selbst. Deshalb ist Marktgängigkeit, also Kommerzialisierung, heute keine Gefährdung künstlerischer Glaubwürdigkeit mehr – im Gegenteil. »Markterfolg und künstlerische Glaubwürdigkeit bedingen einander.«[105] Besonders augenfällig ist das am Markt für bildende Kunst, der in den vergangenen eineinhalb Jahrzehnten geradezu explodierte. Für Bilder, Plastiken, Installationen werden astronomische Summen bezahlt, die früher undenkbar waren, Nachwuchskünstler werden von multinationalen Galeristen umworben und ihren lokalen Galeristen abgeworben, wie das bisher nur im Spitzenfußball üblich war, und Kunstmessen, einst Anlass zur Begegnung von ein paar Insidern, werden heute als regelrechte Festivals aufgezogen, mit Party ohne Ende, langbeinigen Starlets und großem Geld. Kaum ein großer Konzern, der heute nicht exquisite Kunstsammlungen anlegt. Die Investitionen dafür werden als zivilgesellschaftliches Engagement und sozial verantwortliches Unternehmertum in der Selbst-PR der Firmen angepriesen, was wiederum zu ihrem Markenimage beitragen soll. Eine eigene Art von Kunstagenten reist von Messe zu Messe, von den Unternehmen mit einem üppigen Budget ausgestattet, und kauft, was das Zeug hält. Und weil das die Preise nach oben treibt, gelten Kunstwerke mittlerweile als derart exzellente Wertanlage, dass schon die Hedgefonds (im deutschsprachigen Raum mit Heuschrecken assoziiert) beginnen, statt Aktien Bilder zu kaufen.

»Laissez-Faire Aesthetics« hat das der amerikanische Kunstkritiker Jed Perl unlängst in einer Cover-Story für das Magazin *The New Republic* genannt. Perls Klage: Man muss nicht mehr wissen, wer Marcel Duchamp war, bedeutende Kunstwerke erkennt man an den Menschen mit den lustigen Brillen, die um sie herumstehen, und an den Investoren, die diese umschwirren.

Ist das Kommerzialisierung – oder womöglich nur die zeitgenössische Form von Mäzenatentum? Herrscht heute am Kunstmarkt also die reine Warenförmigkeit? Stimmt das wirklich?, fragt Isabelle Graw. Ihr Gegenargument: Damit dieser Markt überhaupt erst als ein Markt funktionieren kann, brauchen die Akteure auf diesem Markt doch immerhin einen gemeinsamen Wertehorizont, sie müssen Kunst grundsätzlich als »wertvoll« erachten, sie auch verklären, idealisieren. Insofern ist der Kunstmarkt eben doch etwas anderes als der Markt für Herrensocken. Die Kunst, so Graw, ist ein »Sonderfall der Ware«. Sie braucht immer einen Überschuss, irgendetwas, »das in keiner ökonomischen Logik aufgeht« – und am Ende dazu führt, dass das Kunstwerk einen hohen Preis erzielt. Man solle also, so darf man Graws Argumentation interpretieren, die Widerständigkeit und Immunität der Kunstwelt gegen den Kommerzvirus nicht unterschätzen.

Ganz ähnlich das Urteil Marion von Ostens, einer Spezialistin der Kulturalisierung des Ökonomischen: »Selbst wenn das Selbstverständnis und die Selbstorganisation des

›künstlerischen Subjekts‹ … mit den Phantasien von ArbeitsmarktentwicklerInnen und Creative-Industries-EntwicklerInnen zu korrespondieren scheint, bleibt der Erfolg dieser Verknüpfung doch … fragwürdig. Künstlerische Lebens- und Arbeitsformen beinhalten Stärken, die nicht komplett kontrollierbar sind, weil sie ihre eigenen Bedingungen nicht nur mit erzeugen, sondern stets auch an deren Auflösung beteiligt sind.« Man solle nicht unterschlagen, so von Osten, dass die Mythologisierung des Künstlerideals auch heute nicht nur affirmativ instrumentalisiert wird, diese Mythen »können ebenfalls von sozialen Gruppen be- und genutzt werden, die ansonsten innerhalb existierender Machtstrukturen dem Verschweigen und Verstummen ausgesetzt wären«. Soll heißen: Die Sache ist nicht nur schlecht, sie hat auch ihre guten Seiten.

Das ist bestimmt richtig. Mehr noch: Die Kommodifizierung macht vielen Künstlern das Leben leichter, dies soll nicht bestritten und auch nicht vergessen werden. Auch die Kulturalisierung macht unsere Lebenswelten »künstlerischer«. In den Bobo-Quartieren herrscht ein Klima lässiger Postmaterialität, alle tun ihr Ding, was genau, weiß man nicht immer – hier lässt sich's leben. Und wenn die Künstlertugenden wie Kreativität, Phantasie, Spontaneität zu allgemeinen Idealen erfolgreicher Wirtschaftssubjekte stilisiert werden, macht das das Leben vieler Menschen bunter und freier. Darüber soll man nicht spotten, und schon gar nicht von der hohen Warte aus – nicht selten kommen schließlich die Marktkritiker selbst mit den Gesetzen des Marktes und den Regeln der Kunst bestens zurecht, äußern sie ihren geschmäcklerischen Ekel mit diesem bestimmten avantgardistischen Gestus, der das Exquisite der Kunst gegen die Vermassung schützen will und somit selbst von elitärer Schnöseligkeit nicht immer leicht zu unterscheiden ist. Aber allzu naive Hoffnungen, eine neue kulturökonomische Boheme – oder, wie es auch schon heißt: »digitale Boheme«[106] – unterwandere gleichsam die Wirtschaftswelt und forme sie Richtung Freiheit, Freundlichkeit und »intelligentes Leben« um, sollten zur Sicherheit mit einem gewissen Maß an Skepsis betrachtet werden.

Die Zonen jenseits der Warenförmigkeit und des Marktes, sie hören tendenziell zu existieren auf. Der Satz, die Kunst sei keine Ware oder ein »Sonderfall der Ware«, wird im Kulturkapitalismus absurd. Die Pointe des Kulturkapitalismus ist, dass in ihm beinahe jede Ware tendenziell zu einem »Sonderfall der Ware« wird, jedenfalls ist das die Absicht, die die Brandingstrategien verfolgen. Wenn aber alle Waren zu Kulturwaren werden, keine Ware eine Ware wie jede andere Ware auch sein soll, dann ist die Behauptung, die Kunst sei keine Ware wie jede andere, eben zu einer ziemlich sinnlosen geworden. Das hieße nämlich, sie sei unter allen anderen einzigartigen Konsumgütern ein einzigartiges Konsumgut. »Na geh, echt?«, fragt man in Wien in solchen Fällen. Die Künstler jedenfalls scheinen für die Implikationen all dessen ein waches Sensorium zu haben und reagieren auf die einzig logische Weise – indem sie sich verkaufen, wie alle anderen auch.

All dies ist nicht ohne kuriose Volten, und die Verbreitung der Künstlertugend in allen Wirtschaftsbereichen führt nicht nur zu mehr Freiheit, Selbstverwirklichung und Kreativität, sondern auch zu neuem Stress. Die neuen »Kulturkreativen«, die eigentlich nichts anderes als kleine Wirtschaftstreibende oder symbolanalytische Angestellte sind, wollen selbst so etwas wie Künstler sein – das sind sie nicht nur ihrem Selbstbild schuldig, das ist auch für ihre Aufstiegs- und Einkommenschancen notwendig. Eine Anerkennung und Gratifikation, die sie freilich nur in den allerseltensten Fällen auch nur annähernd erreichen. Die Künstler wiederum versuchen ihren Status als Exklusivgenies gegen die Masse der Durchschnittskreativen und Pseudo-Künstler abzugrenzen – auch das übrigens eine Operation, die ganz entscheidend für ihren Marktwert ist –, und sie müssen das selbstredend mit umso schrofferer Distinktionsgeste tun, je ungesicherter dieser Status ist.

Wir sehen also: Im Kulturkapitalismus eröffnen sich neue, weite Felder endloser, ja: kreativer Distinguos.

5. Re-Branding of a Nation

Warum heute Staaten zu Marken geworden sind,
die ihren Nationalcharakter als Image verkaufen.

Als Deutschland im Sommer 2006 die Fußballweltmeis-
terschaft austrug, war die Freude riesengroß. Weil die
deutsche Mannschaft unter Trainer Jürgen Klinsmann
ganz passabel spielte, freuten sich viele deutsche Männer
und Frauen, Junge und Alte, Reiche und Arme, Alteing-
gesessene und Neueingebürgerte mit ihrer Mannschaft.
Sie bemalten sich die Gesichter, kauften sich einen
Deutschland-Wimpel und gingen ins Stadion oder auf die
Fan-Meilen, wild entschlossen, viel Spaß zu haben.
Darüber, dass deutsche Menschen offenbar völlig entspannt zu »ihrer« Mannschaft stehen können, freuten sich
wiederum ein paar verschwitzte Publizisten, die schon seit
Jahr und Tag darauf gehofft hatten, dass die Deutschen
endlich wieder ganz echt patriotisch sein können, wie das
normale Nationen vom Schlage Frankreichs oder Brasi-
liens auch sind. Diese Autoren waren schon geraume Zeit
todtraurig, weil das mit dem Patriotismus und der Vater-
landsliebe in Deutschland nach Hitler lange nicht so gut
kam. Aber sie konnten nichts daran ändern: Patrioten hat
man sich in Deutschland lange als rotgesichtige Männer
mit Bürstenhaarschnitt vorgestellt, die meist von überrei-
chem Bierkonsum auch etwas feucht im Schritt waren.
Und jetzt, plötzlich, das: nette Mädels und Burschen mit
Dreadlocks, die mit der schwarz-rot-goldenen Fahne we-
deln, und biedere Ministerialbeamte, die ihre Autos pa-

triotisch aufmotzen. Am Parkplatz des Berliner Wirt-
schaftsministeriums fand sich kaum eine Karosse, auf der
nicht ein Deutschland-Wimpel flatterte. Da konnten die
Patriotismus-Fans natürlich nicht an sich halten. Matthias
Matussek, der Kulturressortleiter des *Spiegel*, überschlug
sich förmlich vor Freude über »das schöne und begeiste-
rungsfähige Deutschland«, und Kommentatoren des Bou-
levardblattes *Bild* gestanden ergriffen: »Ich würde die
Fahne auch nach der WM gern am Auto dranlassen. Für
immer. Für ein ewig tolles Gefühl.«

Was bei den Einen Glückshormone freisetzte, provo-
zierte bei den Anderen wiederum Panik. Linke Antifaschis-
ten sahen in den Fanhorden Begeisterungs-Sturm-Staffeln,
einen chauvinistischen Mob, der sich die Deutschlandflagge
ins Gesicht malte. Im vollen Ernst wurde in diesen Kreisen
befürchtet, die Deutschlandbegeisterung werde von den
Mächtigen und vom Kapital geschürt, um in Zeiten neuer
Armut gegen alles Nichtdeutsche hetzen zu können und so
vom Hartz-IV-Elend abzulenken – so nach dem Motto
»weniger Brot, dafür aber jede Menge Spiele«.

Der neue »Patriotismus« wurde also nur vor der Folie
des alten beurteilt – und je nach Standpunkt gefeiert oder
verteufelt. Nur gelegentlich blitzte auf, dass das doch eine
recht fragwürdige Basisannahme ist – etwa in der Titel-
zeile des *Spiegel*, die vom »Party-Patriotismus« sprach,
oder in einem Kommentar der *Frankfurter Rundschau*, in
dem davon die Rede war, dass der neue Fußballpatrio-
tismus Pop sei, »Teil eines wogenden Zeichenmeeres,
in dem nach Belieben kombiniert werden kann, er ent-
springt einem Patchwork der Identifikationen, frei wie die
Mode«.

Was die Fans charakterisierte, ist schließlich die Ent-
schlossenheit, Spaß zu haben. Das Gemeinschaftsgefühl
derer, die für »ihre« Nationalmannschaft sind, unterschei-

det sich aber gar nicht so sehr vom Gemeinschaftsgefühl, sagen wir, bei einem Open-Air-Konzert. Beim Party-patriotismus als leichtes Gemeinschafts-Erlebnis liegt das Hauptgewicht auf dem Erlebnis. Aber dann ist auch der Patriotismus nichts anderes als ein Erlebnis, das konsumiert werden kann. Dieser Patriotismus, wenn man ihn denn partout noch so nennen will, ist auch nur ein Angebot im Portefeuille der Event-Kultur, ein Angebot der Erlebnis-Industrie, deren Geschäft es nun einmal ist, gute Gefühle zu verkaufen. Eigentlich sollte das jene, die eng-stirnigem Patriotismus gegenüber skeptisch sind, sogar freuen – bei manchen Gefühlen ist es ja gewiss nicht so schlecht, wenn sie kommerziell entleert werden, und der Patriotismus ist bestimmt so ein Gefühl, für das das gilt. Wenn der Konsumkapitalismus »Deutschland« also zu einem Bild umformt, zu einem »Image«, das konsumiert werden kann und irgendwo »da draußen«, in den virtuellen Welten des Kulturkapitalismus mit anderen Zeichen konkurriert, dann macht das deutschem Dumpfnationalismus womöglich endgültig den Garaus.

Aber das fällt bei all dem historischen Schattenboxen gar nicht auf. Dass sich etwas grundlegend verändert hat, wird gar nicht wahrgenommen. Die Verwandlung eines Nationssignifikanten in ein Logo, das mit einem möglichst guten Gefühl verbunden wird, erlebbar und leicht konsumierbar ist, verweist darauf, dass Nationen Marken nicht unähnlich sind. Erfolgreich sind Nationen, die jeder kennt, und unter diesen jene, die viele Leute mit positiven Charakteristika verbinden. Kurzum: Schon 1999 hat Wally Olins, der britische Marketingpapst, die Anverwandlung von Staaten und Konzernen analysiert[107] – und begonnen, Länder statt Firmen zu beraten. Besonders angewiesen auf seinen Rat sind natürlich »Problemmarken« – Länder wie Rumänien, Serbien oder Kirgisien, Länder also, von denen praktisch alle Menschen eine signifikant schlechte Meinung haben, außer jenen natürlich, die nicht wissen, dass es diese Länder überhaupt gibt. Aber auch der »Deutschland-Brand«, sagte Olins schon vor Jahren, sei für einen Relaunch »sehr interessant«. Denn abgesehen vom Image-Malus der NS-Vergangenheit gelte Deutschland vor allem als fad. Deutsche Kreativität, so der Spezialist für Nationen-Branding, sei mit Ingenieurs-Kreativität verbunden. Deutschland »wird mit Autos assoziiert: Effizienz, sehr hohe Qualität, schlechtes Marketing, sehr teuer. Keinerlei emotionale Inhalte. Das bedeutet, Hugo Boss und Jil Sander wurden nicht wahrgenommen ...«[108] Er würde, so Olins, das Verspielte und Künstlerische unter den deutschen Stärken deutlicher herausstellen. Olins hat im Grunde schon vor Jahren zu dem geraten, was die WM-Organisatoren penibel umgesetzt haben – Deutschland solle sich auch einmal als leichte, lebenslustige, kreative Nation präsentieren, in der man nicht nur fleißig arbeitet, sondern auch noch monstermäßig viel Spaß haben kann. Geheimwissen ist das übrigens längst nicht mehr: Kurse in »Branding Germany – Wie verkaufe ich Deutschland«, kann man schon an manchen Fachhochschulen belegen, und »Branding Germany« wird jetzt auch vom Goethe-Institut als Aufgabe gesehen, das sich zu diesem Zweck einen Marketingfachmann hält. Der übrigens präsentiert in seinen Powerpoint-Vorträgen über Deutschland sein Land als hedonistisch, ausgelassen und tolerant, indem er grobkörnigen Schwarz-Weiß-Bildern von NSDAP-Paraden aus den dreißiger Jahren bunte Fotos von der Berliner Love-Parade gegenüberstellt und auf »große deutsche Designer« verweist – auf »Hugo Boss, Jil Sander, Joop«. Er befolgt haargenau die Ratschläge von Wally Olins für das Nationen-Branding.

Übrigens ist das Branding von Nationen nicht völlig

neu. Dass Menschenklumpen und ein Mix von Völkern und Stämmen, die meist zufällig auf einem Territorium lebten (und nicht einmal das in jedem Fall), zu *einem* Volk mit *einem* Nationalcharakter und *einer* gemeinsamen Geschichte erklärt wurden, war stets Resultat einer narrativen Strategie. Nationen sind seit jeher »eingebildete Gemeinschaften«[109], die wurden, was sie sind, weil sich genügend Leute gegenseitig erzählten, dass es sie gäbe. Neu ist aber, dass die Adressaten dieser Ansprache nicht mehr die Bürger der Nationen sind, die zu einer Gemeinschaft geformt werden sollen, sondern das Außen, die Bürger *anderer* Nationen. Einfach deshalb, weil Nationenbranding heute eine ganz unmittelbare praktische und ökonomische Auswirkung hat – für »ausländische Kapitalinvestitionen, Export und Tourismus«. Das ist eine kleine, aber entscheidende Veränderung. Olins: »Jede Nation muss nun ihre individuelle Persönlichkeit, Kultur, Geschichte, ihre Werte promoten und in einer vielleicht idealisierten, dafür aber leicht begreifbaren Idee zusammenfassen«.[110] War es früher eine beliebte und allgemein geübte Strategie, andere Länder und Kontinente zu überfallen und auszurauben, so fährt man heute in der Regel besser, wenn man sich ein freundliches Image gibt und versucht, die eigene Volkswirtschaft durch Handel oder indem man Investionen und Touristen anlockt zu entwickeln. Denn mit Handel kann man sich Güter meist billiger und effektiver sichern als mit Krieg, es sei denn, es handelt sich um seltene Rohstoffe, die sich technisch nicht einfach vermehren oder substituieren lassen – Öl etwa. Bürger anderer Staaten sind heute keine Feinde mehr, sondern Konsumenten oder Investoren. Feinde muss man schrecken, Konsumenten muss man betören und bezirzen. Das Image einer Nation hat also unmittelbare Auswirkungen auf das Nationalprodukt, und deshalb geben Regierungen viel Geld für die

110

Arbeit am Image aus. Allzu teuer ist das übrigens gar nicht, denn Länder kommunizieren ohnehin andauernd mit ihren Bürgern oder Bürgern anderer Länder. Sie senden Millionen von Botschaften täglich aus. Tourismuswerbung wird in jedem Fall gemacht, Passkontrollen gibt es ohnedies, Polizisten tragen überall Uniformen, jedes Plakat hat eine bestimmte Typographie, Behördenbriefe haben immer einen Briefkopf und ein Fußballnationalteam hat auch jedes Land – Staatsbranding bedeutet oft nur, dass all diese Arten, eine Nation zu präsentieren, einem kohärenten Ziel unterworfen werden, also dass Geld, das ohnehin ausgegeben wird, sinnvoller ausgegeben wird.

Ein Beispiel eines besonders gelungenen Re-Branding einer Nation ist Spanien. Spanien war Ende der 70er Jahre ein Land, das sich gerade als letztes in Westeuropa von einer Diktatur befreit hatte, eine rückständige Gesellschaft mit vielen Bauern, veralteter Industrie und kaum vorhandener Hightech. Wer vor 30 Jahren an Spanien dachte, dachte meist nicht an wunderbare Strände und pulsierende Städte, sondern an holprige Autobahnen und die Garotte, mit der Francos Folterknechte die politischen Gefangenen öffentlich erwürgten, und an die verlausten Gefängnisse, in die jugendliche Tramper aus Europa wanderten, wenn sie mit Drogen erwischt wurden. Dass Spanien heute ein völlig anderes Image hat, ist nicht nur Resultat der erfolgreichen Umwandlung zu einer Demokratie und der entschlossenen Investition in Zukunftsbranchen, sondern auch eines recht weitsichtigen Re-Branding-Programms. Zunächst wurde dem Land ein neues Logo verpasst: Juan Mirós »España«-Zeichen, die krakelige aufgehende Sonne in Gelb, Schwarz und Rot – fröhlich, freundlich, entspannt. »Mirós Sonnensymbol war das Logo eines massiven Marketingprogrammes, das eng mit nationalem Wandel und Modernisierung verbunden war«[111], schreibt

111

Wally Olins. Die Olympischen Spiele in Barcelona und die Weltausstellung in Sevilla waren ebenso mächtige Schritte in diesem Prozess wie der Umbau Bilbaos zu einer Pilgerstätte des globalen Kulturtourismus. Spanien ist deshalb ein frappierendes Beispiel, weil das Land es schaffte, in ein, zwei Jahrzehnten sein Image völlig umzudrehen. Wirklich erfolgreiche Nationen-Marken benötigen ein solches umfassendes Re-Branding natürlich in der Regel nicht, sondern allenfalls einen gelegentlichen sanften Relaunch – so verkaufen sich die USA seit jeher schon erfolgreich als »die Marke Freiheit«. Da heute aber nicht nur Nationen um Investitionen, Exportanteile und Tourismus konkurrieren, sondern auch Städte und Regionen, kommt kein Landstrich ohne Branding aus. So hat auch das österreichische Bundesland Tirol nicht nur eine Fahne, sondern auch ein Logo und eine Eigendefinition, die um Begriffe wie »eigenwillig, freiheitsliebend, echt, stark, stolz« aufgebaut ist.[112]

Nationale und regionale Identität wie eine Markenidentität zu behandeln, liegt im Trend einer Zeit, die alles ökonomisiert und in der die politischen Diskurse den Eindruck erwecken, Gemeinwesen hätten wie Firmen zu funktionieren. Wer noch an den »Stolz« einer Nation glaubt, wer die eher konservative Auffassung vertritt, diese hätte »eine Natur«, »eine Substanz«, dem muss das bitter aufstoßen. Aber auch, wer – auf eher linke oder linksliberale Weise – meint, ein Gemeinwesen sei etwas anderes als eine Firma, ein Bürger etwas anderes als der Mitarbeiter in einem Konzern, dürfte über die neueste Verwandlung von Nationen in Brands nicht nur glücklich sein. Schließlich kann ich der Nation, der ich als Staatsbürger angehöre, nicht einfach kündigen, wenn mir ihr Markenimage irgendwann nicht mehr gefallen sollte und mein Charakter zu ihrer Markenpersönlichkeit nicht mehr passt. Andererseits soll man die Sache nicht so eng sehen. Dass der Nationalcharakter selbst die Ausprägung einer Wirtschaftsmarke annimmt, mag zwar überraschend und verstörend sein, dass wirtschaftliche Marken und Nationalcharakter ein seltsames symbiotisches Verhältnis eingehen, ist freilich jedem von uns seit jeher vertraut, wenn wir nur einen Augenblick darüber nachdenken.

So repräsentieren bestimmte Waren regelrecht die Nation, aus der sie stammen. Mercedes *ist* geradezu Deutschland, so wie Rolls-Royce immer britisch bleiben wird (der Umstand, dass das Nobelauto heute von BMW produziert wird, tut dem paradoxerweise keinen Abbruch). »Frankreichs Citroën, Italiens Alfa Romeo, Volkswagen, das sind praktisch Nationalcharaktere auf Rädern«, schreibt Wally Olins.[113] Aber nicht nur Marken, auch ganze Produktsparten würden gleichsam mit einer Nation identifiziert: »Niemand, der bei Trost ist, würde italienischen Whisky oder schottisches Olivenöl kaufen.«[114]

Fremde Nationen, die man früher noch als Bedrohung empfunden oder als exotischen Reiz gesehen hatte, geraten heute zu Erlebnisangeboten, die man konsumieren kann. Der routinierte Städtebenutzer kann sich fragen: Fühle ich mich heute eher italienisch oder doch eher französisch aufgelegt? Man macht griechisch Urlaub, isst indisch oder wohnt japanisch (womit weniger die bedrängende Enge als die strengen Formen gemeint sind). All das ist weder besonders schlimm noch, wie manche im Gegenteil meinen, ein ausgesprochener zivilisatorischer Fortschritt, etwa in Richtung mehr Kosmopolitismus – allenfalls ein Indiz dafür, wie die konsumistische Mentalität dazu neigt, alles ihrer Logik entsprechend zu formen. Das gilt in letzter Konsequenz eben auch für Staaten und Nationalcharaktere – und selbstverständlich auch für die Politik.

Denn der gegenüber verhält sich der Bürger zunehmend auf ähnliche Weise wie der Kunde gegenüber dem Markt.

Auch die Politik wird durch den Konsumismus bis zur Unkenntlichkeit verwandelt. Es ist erstaunlich, was man schon in Wolfgang Fritz Haugs »Kritik der Warenästhetik« aus dem Jahre 1971 über eine Rede des damaligen deutschen Verteidigungsministers und späteren Bundeskanzlers Helmut Schmidt nachlesen kann. Darin beklagt Schmidt – man bedenke, das Schwarz-Weiß-Fernsehen hatte sich gerade erst allgemein durchgesetzt, langsam kamen die ersten Farb-TV-Geräte auf den Markt –, dass Politiker heute nicht bloß gegeneinander konkurrieren wie Produkte in der Marktkonkurrenz. Schlimmer noch: Es ginge nur mehr um den »Eindruck«, um das »Ankommen«. Konkurrenz sei zur »Eindruckskonkurrenz« verkommen, so die Klage Schmidts und: »Selbst jemand, der erfolgreich ist, wird nicht gewählt werden, wenn er am Fernsehbildschirm nicht genügend ausstrahlt.«[115] Politiker, so deutete Haug Schmidts Lamento richtig, müssten heute also in erster Linie »Markentechniker« sein.[116]

Womöglich ist all das, was der durchschnittlich dunkelgrau gestimmte Zeitgenosse an der gegenwärtigen Politik zu kritisieren hat, ein Ausdruck der Durchdringung von Politik und Konsumismus. Das jedenfalls legt Richard Sennett in seinem Buch »Die Kultur des neuen Kapitalismus« nahe. Seine Thesen: Das Publikum konsumiere die Politik auf seltsam passive Weise; wie bei normalen Waren gleiche sich der »Gebrauchswert« – also die politische Programmatik – weitgehend an, weshalb versucht wird, mit immer mehr Kulturalisierung und Marketing den »Reiz des Unterschieds«[117] hervorzurufen (was sogenannten Spin-Doktoren ein gutes Einkommen garantiert). Schon lange, so Sennett, haben die Politik-Konsumenten es aufgegeben, tatsächlich nach der sachlichen Qualität der angebotenen Politik zu fragen – die liegt im Dunkeln wie das Innenleben des Computers, des Toasters oder des MP-3-Players, der erstanden wird; was das Publikum beurteilt, sind die Fertigkeiten, mit denen die Politiker versuchen »anzukommen«; weil das Publikum Wahrhaftigkeit bei dieser Art von Marketing vernünftigerweise nicht erwartet, ist wahr oder falsch überhaupt kein Kriterium, das bei dieser Entscheidung eine Rolle spielt. »Werden politische Führer heute auf dieselbe Weise ›verkauft‹ wie Seife, als unmittelbar erkennbare Marken, die der Verbraucher aus dem Regal nimmt?«, fragt Sennett.[118]

»Lebensstile sind auch in der Politik bedeutend geworden, nicht nur im Markenartikelbereich«, sagt die Wiener Meinungsforscherin Sophie Karmasin. Während früher ökonomische Interessen, Klassen- oder Schichtzugehörigkeit oder einfach Tradition Schlüssel-Faktoren für das politische Verhalten der Staatsbürger waren, so ist heute für wachsende Segmente der Wählerschaft entscheidend, ob eine Partei ihre moralischen und Lebensstil-Präferenzen zu repräsentieren vermag.

Gewiss, der konsumierende Bürger macht sehr wohl einen Unterschied, ist sich darüber im Klaren, dass der Griff zum Softdrink an der Supermarktkasse das eine ist, die Wahl einer Partei bei einer Bundestags- oder Nationalratswahl das andere. Aber doch prägt das eine seinen Habitus und färbt damit das andere ein. Wenn der Bürger-Konsument das TV-Gerät einschaltet, will er etwas erleben. Wird ihm das vorenthalten, ist er wählerisch. Schnell stimmt er dann ab – mit der Fernbedienung in der Hand. Selbst harte politische Auseinandersetzungen, für die sich angesichts der häufigen programmatischen Ununterscheidbarkeit der Akteure oft gar nicht so leicht ein Thema findet, folgen dieser Logik: Das Publikum bleibt nur aufmerksam, wenn's ordentlich kracht, und so kommt, was eine ordentliche Talkshow sein will, ohne Schreiduell oder giftige Polemik nicht aus. Dies erklärt auch den seltsamen Sachverhalt, den man in manchen Ländern, etwa in den USA, in Österreich oder in Italien beobachten kann: die Polarisierung bei gleichzeitiger Abwesenheit nennenswerter politischer Programmkonflikte. Und wenn ein Politiker, der alle modernen Verkaufsstrategien penibel verfolgt, dennoch nicht gewählt wird, dann kann ihm nur mehr ein Relaunch helfen. Das, was man im Marketing die ›behutsame Modernisierung der Marke‹ nennt: neue Käuferschichten erschließen, ohne die alten Käufer zu verprellen.

Um's Staatsganze bemüht, umgarnt der Politiker den Bürger wie der Verkäufer den Kunden, muss er ihn betören, des Glanzes der Ware versichern, die er im Angebot hat – im Grunde ist er selbst im optimalen Fall diese glänzende Ware (und im suboptimalen Fall ein Ladenhüter). Unschlagbar ist, fürs Erste jedenfalls, der Politiker, der selbst eine Celebrity ist, an dessen Staraura das Publikum teilhaben kann, indem es ihn wählt, das sich als »moderne Wählerschaft« konstituiert, indem es den »modernen Politiker« wählt. Dies begründete den Erfolg von Politikern vom Schlage Tony Blairs. Nicht nur Wirtschaft und Kultur verschmelzen im Zeichen des Konsumismus, auch Politik und Mode.

Seine surreale Pointe fand dieser wechselseitige Kollaps von Politik und Konsumismus nach dem 11. September 2001, als der New Yorker Bürgermeister Rudy Giuliani die Bürger aufforderte, nun nicht aus Zukunftsangst weniger, sondern mehr zu konsumieren, damit nicht auch noch eine ökonomische Krise die politische Krise verschärfe.

Im Angesicht der größten politischen Krise seit Jahrzehnten wurde Shopping in den Rang der ersten Bürgerpflicht erhoben – zum modernen Dienst am Vaterland.

Shopping against Terror, gewissermaßen.

6. Retro-Chic

*Eine Theorie des Schäbigen oder: Wie es kam,
dass Authentizität zu einem Konsumgut wurde,
vermarktbar wie jedes andere auch.*

Als Jugendlicher trieb ich mich in den achtziger Jahren häufig in besetzten Häusern herum oder in den großen Gebäudekomplexen, die zu dem umfunktioniert worden waren, was man damals autonome Jugendzentren und selbst verwaltete Kulturzentren nannte. Oft waren das ehemalige Fabriken oder andere monströse Bauten, meist rund hundert Jahre alt, Architekturdenkmäler aus der früheren Zeit der Industriemoderne, die schon deutliche Zeichen fortgeschrittenen Verfalls aufwiesen. Üblicherweise hatten die (illegalen) Besetzer oder (legalen) Nutzer diese Häuser so weit renoviert, dass sie funktional wieder brauchbar und einsturzgefährdete Teile zumindest provisorisch gesichert waren, die Zeichen der Zeit jedoch unübersehbar blieben. Das war nicht allein Folge notwendiger Pragmatik – für Totalsanierungen fehlte das Geld –, hier wurde eine eigene Ästhetik kreiert, die die Abscheu gegen die Verhübschung und die High-Tech-Erneuerung ganzer Stadtviertel zum Ausdruck brachte, ganz zu schweigen von der Verachtung gegenüber den schnell hochgezogenen, neuen Wohnsilos in den Trabantenstädten. Mit Hilfe des abblätternden Putzes, der rohen Ziegelmauern und der klappernden Holzkastenfenster sollte die Erinnerung an das wahre urbane Leben wachgehalten werden. Es entwickelte sich eine Kultur des ostentativ Schäbigen, die ein Kontrast zur Glitzerkultur der Kommerzwelt sein wollte.

Auch die Subkultur ist nur eines von vielen Lifestyle-Milieus.
Hausprojekt in Berlin, Kastanienallee 86

Gelegentlich, meist zur weihnachtlichen Einkaufszeit, wurden aus den Fenstern dieser Häuser Transparente gehängt, auf denen der »Konsumterror« angeprangert wurde. Wir waren damals davon überzeugt, dass wir Nischen etablierten, auf die die kapitalistische Verwertungslogik keinen Zugriff hatte, und mit der Ausweitung dieser Nischen zu Inseln, die sich mit anderen Inseln verbinden würden, ein Gegensystem etabliert würde, das exemplarisch und stückweise eine Gesellschaft vorwegnähme, die vom Gift des Kommerz-, Markt- und Ausbeutungssystems frei wäre. »Antizipation der Befreiung« wurde das damals genannt.

Wie ich und meinesgleichen mit einigem Erstaunen bemerkten, war das Heruntergekommene nicht immer der Feind des Kommerziellen. Häuser wie das Tacheles in der

Berliner Oranienburger Straße hatten den Reiz zerbröselnden Mauerwerkes und aufgerissener Fassaden, hinter denen Künstler werkten, und wurden mit der Zeit von Subkultur-Zentren zu magnetischen Anziehungspunkten für Touristen aus der ganzen Welt, die den Malern ihre Bilder für Tausende – damals: D-Mark – abkauften. Darüber wurde zwar die Nase gerümpft, aber immerhin waren das Tacheles oder ähnliche in die Jahre gekommene Häuser einstmals authentische, widerständische Orte, deren äußeres Erscheinungsbild mehr oder weniger unverändert blieb, während sich das Innenleben eben wandelte. Das kann ja vorkommen, so ist nun einmal das Leben. Zu unserem Erstaunen statteten aber bald auch kommerzielle Kneipenbetreiber ihre Lokale mit einem hohen »Grind-Faktor« (Armin Thurnher) aus, und diese möglichst heruntergekommen und verdreckt aussehenden Kneipen wurden von hippen Teens und Twentysomethings regelrecht gestürmt. Noch überraschender und verstörender war allerdings, dass einige Ladenbesitzer in den innerstädtischen Shoppingstraßen ihre Geschäftslokale aufwendig renovierten und diese danach möglichst abgefuckt aussehen sollten. Galerien, Modeschuppen, Möbelläden, sie alle mussten, wenn sie denn cool sein wollten, so heruntergekommen wie möglich erscheinen – koste es, was es wolle. Ein Laden, der ordentlich verputzt und weiß ausgemalt sowie mit einem simplen Parkettboden ausgelegt war – er wäre ein sicherer Kandidat für einen Flop gewesen. Am besten kommen große Räume an, aus denen die Zwischenwände herausgeschlagen sind, mit möglichst viel Patina an den Wänden und abgeschabtem Steinwerk oder gar Industrieböden, die mit bloßem Auge von unbehandeltem Estrich nicht zu unterscheiden sind. Spätestens zu dieser Zeit hat das Heruntergekommene nicht einfach mit dem Aufpolierten konkurriert, sondern schickte sich an, diese Konkurrenz in gewisser Weise zu gewinnen. Heute sehen wahrscheinlich nur deshalb nicht alle Läden aus wie grindige Kneipen in besetzten Häusern, weil es sich nicht alle Ladenbesitzer leisten können, ihre Geschäfte derart aufwendig zu Kultläden zu trimmen. Eine befreundete Architektin berichtete mir unlängst, sie hätte in einem Fliesenladen folgende Aufschrift gesehen: »Kelheimer Steinplatten Neu = 100 € pro m²; Kelheimer Steinplatten gebraucht = 200 € pro m².«

Was also macht den Reiz des Schäbigen aus? Was ist das Geheimnis des Erfolgs des Heruntergekommenen, über den Kreis rebellischer Outcasts hinaus? Was man sicher sagen kann: Das Schäbige ist ein Gut an einer seltsamen Art von Grenze – einerseits kaputt, andererseits wertvolles Gut mit Geschichte, was es selten macht und damit zu einem gefragten Gut. Aber es ist eben immer an der Schwelle dazu, weggeworfen zu werden. Das Abgegriffene, Abgewetzte, Verbrauchte wird oft durch Neues ersetzt, worauf wir ihm sofort auf Trödelmärkten und in Antik-Shops nachrennen. Es bewohnt die Grenze, die den Abfall vom dauerhaften Gut trennt – und es ist ein Mysterium, wann und warum ein Produkt von der einen in die andere Kategorie aufsteigt.[119] Nehmen wir nur Autos: Ein scheppernder Ford aus den achtziger Jahren gilt als schrottreif, ein rostiger Citroën aus den Siebzigern ist wertvoll. Die meisten Siebziger-Jahre-Bungalows gelten als Architekturmüll, feuchte und baufällige Bauernhöfe dagegen sind gefragte Immobilien. Was genau aber unterscheidet den normalen Müll von der Art des »Sondermülls«, der seine Schäbigkeit hinter sich zu lassen vermag und zur Antiquität, zur Rarität, zum Nostalgieprodukt wird? Alter? Seltenheit? Das spielt eine Rolle – aber nicht alles, was alt und selten ist, ist deswegen auch gefragt.

Die Sache ist kompliziert, auch deshalb, weil im Horizont dieses Themas eine Reihe verschiedener Ding-Kategorien in den Blick kommen, die sich voneinander unterscheiden, deren affektive Attraktion aber vergleichbar ist: halb kaputter Plunder, Retrowaren, gediegene Handwerksprodukte, Wertvolles und Kram. Um die vertrackte Angelegenheit erklären zu können, braucht es eine ästhetische Analyse. Zunächst: Es sind vor allem stilbewusste junge Angehörige der »neuen Mittelschichten«, die ein Produkt von der einen Seite dieser Schwelle, von der Müll-Seite, auf die andere Seite, die des Dauerhaft-Wertvollen, bringen, und nicht selten dienen diesen die Rebellen und aufbegehrenden Jungen als Trendscouts. Erst hängt der Punk sich den Trash ans Revers der Lederjacke, dann stellt der Yuppie ihn sich ins Regal. Es ist ein kumulativer Prozess individueller ästhetischer Urteile, der zuerst von Exzentrikern und Außenseitern begonnen wird, der irgendwann einen mirakulösen kritischen Punkt überschreitet und soviel Gewicht gewinnt, »dass ein Markt entsteht«[120].

Der britische Soziologe Michael Thompson verdeutlicht dies am Beispiel eines viktorianischen gusseisernen Kamins mit Marmoreinfassung, den er – er verdiente sich als Student sein Geld als Bauarbeiter – in den Salon eines Regency-Hauses einbauen sollte, »das dem leitenden Angestellten einer großen Gesellschaft gehörte. Der Kamin und die Marmoreinfassung stammten in Wirklichkeit aus meinem eigenen Haus (aus dem sie entfernt worden waren, um Platz für eine Küche zu schaffen), aber wir erdachten uns eine kunstvolle und überzeugende Geschichte, der zufolge wir beides aus einem Regency-Haus, das sich im Umbau befand, kaufen müssten, und deshalb müssten wir einen solchen Wucherpreis – so glaubten wir damals – dafür berechnen. Nachdem wir den Kamin schnell und sauber installiert hatten, zogen wir uns mit unseren 30 Pfund in den Pub zurück« – hocherfreut, weil es gelungen schien, den Kunden auszubeuten. »Ein paar Wochen später, wir hatten noch ein paar andere Arbeiten im selben Haus zu erledigen, zeigte der Besitzer den Salon stolz einem Freund, der ausrief: ›Oh, wie herrlich. Was immer du hier noch ändern lässt, den wunderbaren Kamin *musst* du behalten.‹ In dem Augenblick erkannten wir, dass wir die Ausgebeuteten waren. Die Tatsache, dass wir wussten, dass der Kamin gerade erst installiert worden war und aus einer ganz anderen Periode stammte, war irrelevant, denn allein ausschlaggebend ist, dass diejenigen, die die größte Macht über Zeit und Raum ausüben, ihn für original halten. Der Wert des Hauses war bereits um sehr viel mehr als um 30 Pfund gestiegen.«[121]

Was die schäbigen Dinge, die gerade noch für den Restmüll geeignet schienen, plötzlich zu gefragten Raritäten macht, ist, wie wir alle wissen, die ihnen zugeschriebene Authentizität. Dasselbe gilt für gehobene Handwerksartikel oder für Naturerlebnisse. Was die Phänomene, um die es hier geht, verbindet, ist also der Umstand, dass es ein ganzes Segment an Waren und Erlebnisangeboten gibt, die mit ihrer (behaupteten) Authentizität punkten. Aber Authentizität ist, wie wir ebenso wissen, ein scheues Gut. Wenn man ein authentisches Gut kaufen kann, ist es schon ein Stück weit weniger authentisch, und wenn es von vielen Leuten gekauft werden kann, dann ist es ein großes Stück weniger authentisch. Dass für »authentische Produkte« ein Markt entsteht, ist deswegen immer auch eine unauflösbare Paradoxie, die den Raritäten wie ein Makel anhängt. Schließlich verdanken sie ihren Status der »Tendenz, mit der Besonderheit, Nichtmarktlichkeit oder Nichtaustauschbarkeit von Produkten geradezu zu werben«, wie das die Frankfurter Philosophin Rahel Jaeggi nennt – sie spielen mit der Sehnsucht »nach dem Eigenwert der Sache selbst, nach Materialgerechtigkeit«. Das ist, legt Jaeggi nahe, »eine residuale Sehnsucht nach dem Nichtkommerziellen, die es in verschiedenen Formen auch in einem vermarktlichten Konsumsystem vielleicht immer geben wird« – und die heute »mit der Ent-Standardisierung zunimmt«[122]. Implizit wird damit ausgedrückt, dass Güter ohne Warencharakter irgendwie »wertvoller« seien als Handelswaren, »Schätze« gewissermaßen, obgleich außerhalb der Kapitalsphäre. Die, wenn man es recht überlegt, kuriose Folge davon ist aber eben kein Dementi der Nichtkommerzialität, sondern die »Verwandlung des Authentischen in ein Marktprodukt«, wie das Luc Boltanski und Ève Chiapello nennen, die »Ökonomisierung des Authentischen« – weil die ein erhebliches »Profitpotential« in sich birgt.[123] Kurzum: Die Rarität wird zum Kommerzgut, wenn sie von einer Aura der Nichtkommerzialität umgeben ist, die Sehnsucht nach dem Nichtkommerziellen wird kommerzialisiert.

Kurzschlüsse sind da programmiert: Denn, wie Boltanski und Chiapello schreiben, um »überhaupt als ›unverfälscht‹ bezeichnet werden zu können, müssen diese Produkte außerhalb der Warenwelt ... in ›Authentizitätsreserven‹ gewonnen werden«.[124] Jedoch müssen wenigstens manche der Güter, die auf dem Authentizitätsmarkt zirkulieren, reproduziert werden, damit ihre Vermarktung sichergestellt ist, sie müssen, wenn schon nicht massenhaft, so doch in ausreichender Menge zur Verfügung stehen, damit die stetig wachsende Nachfrage nach Authentizität gestillt werden kann. Darum aber »enttäuschen sie, wenn sie erst einmal auf dem Markt sind, zwangsläufig zumindest einen Teil der in sie gesetzten Erwartungen«.[125] Eine weitere Aporie ist, dass sich die Konsumenten des Authentizitätsmarktes auch gerne als menschenfreundliche Leute sehen, die für Schonung der Natur und mehr Gleichheit unter den Menschen eintreten sowie vor nichts mehr Abscheu haben als vor Luxus-konsum. In der Praxis ist es freilich so, dass die begehrten Authentizitätswaren »umso verknappter und teurer sind, je individueller sie sind« (Rainer Forst). Das abgegriffene Stück, dem man seine Geschichte ansieht, der herunterge-kommene Laden mit dem besonderen Flair, die Kneipe, die auf unergründliche Weise »echt« ist, sie alle sind des-halb auch nur »Positionsgüter« – Waren, mittels derer man seine Distinktionsbedürfnisse gegenüber Anderen mar-kiert –, nichts grundsätzlich anderes als ein fetter Mer-cedes der S-Klasse. In dem Moment, in dem alle sie haben, haben sie ihren Reiz – oder, um das in der Marketing-sprache zu sagen: ihre unique selling proposition – schon wieder verloren.

Nirgendwo wird dies augenfälliger als beim Individual-tourismus. Kaum ist ein authentisches Reiseziel gefunden, wird es von Authentizitätsfreunden aus aller Welt an-gesteuert – und schon ist die Authentizität perdu, »die ge-rade darin bestand, dass diese Ziele nur wenige Touristen anlocken«[126]. Aber damit geht für den Individualtouristen natürlich nicht nur die Echtheit des Landstrichs oder die Einsamkeit der Bucht verloren, sondern auch der Distink-tionsgewinn, den er erzielt, wenn er an einem Ort ist, an dem sonst keiner ist. Der »leere Strand« ist schließlich das Positionsgut schlechthin – im Grunde ein Statussymbol, das seine Wirkung sofort verliert, sobald es mit Anderen geteilt werden muss. Der Authentizitätskonsum ist darum, streng besehen, mit dem Wert der Gleichheit nur schwer unter einen Hut zu bringen. Das Resultat von all dem sind ein paradoxer Herdentrieb ins Unberührte, der ironisch auch als »kollektiver Individualtourismus«[127] bezeichnet werden kann, sowie die Kapitalisierung des Authentischen gerade in den Segmenten des Luxuskonsums.

Kaum jemand hat diese »Mode Rétro« auf penetrantere Weise zu verwerten vermocht als die im nordrhein-westfälischen Waltrop ansässige Versandhausfirma Manufactum. Unter dem Slogan »Es gibt sie noch, die guten Dinge« preist das Unternehmen Qualitätsprodukte von anno dazumal an. Der Manufactum-Katalog, ein Dokument von handwerklichem Stolz, träumerischer Nostalgie und einem ordentlichen Schuss schnöseliger Verachtung des Modernen, ist gewissermaßen die Bibel des Authentizitätskonsumenten. Heute sei nicht das Bessere der Feind des Guten, sondern »das Schlechtere, Billigere, Banale«, heißt es in der Unternehmensphilosophie. »Es gibt kaum ein Qualitätsprodukt, das nicht durch jämmerlich schlechte, aber viel billigere Konkurrenten und Nachahmungen gefährdet wäre.« Die schlechte Qualität und kurze Lebensdauer hindere uns Menschen aber daran, eine »freundschaftliche Beziehung« zu den Dingen zu entwickeln. Deshalb habe Manufactum sie wieder aufgetrieben, die guten Dinge, und rette sie, indem das Unternehmen mit den Betrieben, die sie herstellen, Geschäftsbeziehungen knüpft. Die Echtheit hat zwar ihren Preis; aber man kann seinen Kaffee dann mit einer Kaffeemühle mit Schwungrad (248 €) brühfertig machen, seine Pfannkuchen in handgeschmiedeten Eisenpfannen (115 €) braten und sein Kartoffelpüree mit nostalgischen Kartoffelstampfern (36 €) zubereiten. »Eine Protestschrift gegen die Verschundung der Welt« nennt *Die Zeit* den Manufactum-Katalog, wohingegen das Schweizer Kulturmagazin *du* in der Firma ein »preislich wie ideologisch völlig überkandideltes Nostalgie-Versandhaus« sieht. Ostentativ pflegt das Unternehmen eine »Konzentration auf den ›Gebrauchswert‹«, wie Frank Müller in einem Essay für die Wiener Literaturzeitschrift *Wespennest*[128] schreibt – was man als Absage an Glitzer- und Markenaura neumodischer Waren deuten könnte. Freilich dreht Manufactum die Aura der Dinge in Wirklichkeit noch einmal einen Schwung weiter ins Abstruse: Das Ding, das gute Ding, wird zum Überlebenden einer versunkenen Epoche stilisiert, zum Geretteten, der uns wiederum Trost bringt in unserer Not. Weit davon entfernt, auf seinen Gebrauchswert reduziert zu sein, wird die Dingaura buchstäblich ins »Überlebens-Große« gesteigert – es ist die Aura von Dingen, die überlebt haben und die dauerhafter sind als die sterblichen Menschen selbst. Seit jeher macht den Zauber des Kunstwerkes aus, aber auch den der patinierten Kommode, die sich schon lange in Familienbesitz befindet, dass im Betrachter das Gefühl hochsteigt, an diesem Ding ist »etwas, das größer ist als ich«, das »mich überdauert«. Wenn dieses Gefühl heute nicht nur Picasso-Gemälde, das geschichtssatte Erbstück oder archäologische Skulpturen aus dem Jungpaläolitikum, sondern auch Kaffeemühlen, Eisenpfannen und Kartoffelstampfer auslösen können, ist dies gerade nicht Ausdruck der Emanzipation der Menschen von der Ding- und Warenwelt. Im Gegenteil: Es ist der totale Triumph der Dingwelt.

Die Ästhetik der Nostalgie, die Ökonomisierung des Authentischen, die Vermarktung des Schäbigen, sie sind Standards geworden im postmodernen Kapitalismus. Die Dinge, weit davon entfernt, natürliche, »übriggebliebene Reste einer vergangenen und symbolischen Ordnung« zu sein, sind, wie Jean Baudrillard schon vor vierzig Jahren hellsichtig feststellte, »echte Bestandteile unserer Modernität und bekommen deshalb etwas Doppelsinniges«[129]. Die Werbung evoziert eine verlorene Welt der Natur und der Echtheit. Insbesondere der Begriff der »Natur«, der dem entfremdeten Leben der kommerzialisierten Stadt entgegengestellt wird, ist hierfür paradigmatisch – gerade wenn die Sehnsucht nach Natürlichkeit kommerziell genützt wird. »Das nostalgische Bild der Natur«, schreibt Eva Illouz, »wird von der Werbebranche dazu verwendet, eine Vision des Konsums zu propagieren, die in euphemistischer Weise gerade das Wesen der Welt leugnet, das Konsum überhaupt möglich macht. Über die Werbung wurde dieses Ideal der Natur ausgerechnet durch die unternehmerische Strategie heilig gesprochen, die es tatsächlich zerstört hat.« Der Konsum individualtouristischer Angebote oder der Kauf der guten Güter aus früherer Zeit basiert auf der impliziten Behauptung, der Konsum könne ein Mittel darstellen, »um wieder Zugang zu verlorenen Schätzen, einem authentischen Ich, echten Beziehungen … zu erlangen«[130]. Die zirkelschlüssige Botschaft lautet: Das, was durch den entfesselten Konsumismus zerstört wurde, ist nicht vollends verloren – zu ihm kann es durch Konsum einen neuen Zugang geben.

Anders gesagt: Wenn man alles kaufen kann, haben nur besondere Dinge einen besonderen Wert. Und die kann man auch kaufen.

Die Sehnsucht nach der Natur ist keineswegs »natürlich«, sondern eine moderne Konstruktion – meist eine von Stadtmenschen noch dazu. Ja, oft ist das, was man »ländliche Idylle« nennt, von Städtern gemacht. Die Bauernhäuser, die noch »echt«, »so wie früher« aussehen, sind meist von Städtern liebevoll restaurierte Schmuckkästchen, während sich die wirklichen Bauern moderne Betonklötze hinstellen, welche sie bunt anmalen und abends verlassen, um sich mit Nordic-Walking-Sticks auf Trimm-Marsch zu begeben, indes die städtischen Zweitwohnsitz-Besitzer im Gemüsegarten noch Unkraut zupfen. Was er dabei zu tun hat, erfährt der naturverbundene Städter in Büchern wie John Seymours »Das neue Buch vom Leben auf dem Lande«, in dem es viele praktische Tipps und

Anleitungen für alte Handgriffe gibt. In dem »Handbuch für Realisten und Träumer«, das auch ästhetisch mit den handgemalten Bildern statt Fotos einen antiquarischen Eindruck erwecken will, erfährt der Neo-Landmann alles, was die landwirtschaftlichen Selbstversorger des frühen neunzehnten Jahrhunderts wussten – er erhält Einblick in die Geheimnisse der Fruchtfolge, lernt, wie man ein Podest baut, auf dem man die Ziege zum Melken platzieren kann, wie man Schweine schlachtet, was man bei der Geburtshilfe bei Schafen beachten muss, wie man Korn mahlt, Rapsöl presst, Wein keltert, einen Komposthaufen anlegt, aber auch, etwas zeitgemäßer, wie man Sonnenkollektoren am Dach anbringt und eine Kettensäge schärft. Originell auch die Tipps zum Einbau einer Kompost-Toilette im Haus (zur nützlichen Verwertung menschlicher Exkremente), zum Weben, Färben und zur Produktion von Tonziegeln. Und neben diesen etwas ausgefallenen Ratschlägen findet sich natürlich alles, was der Wochenendhobbygärtner über Karotten-, Radieschen-, Spinat- und Tomatenanbau wissen muss. Solche Bücher sind übrigens verdammt teuer, für die Zeitreise zweihundert Jahre zurück müssen 29,90 € hingelegt werden. Aber wir wissen ja schon: Auch die Flucht aus der kalten Kommerzwelt der städtischen Agglomerationen ist keineswegs zum Nulltarif zu haben, und, wie Pierre Bourdieu bereits vor dreißig Jahren entdeckte, man kommt schließlich nicht ohne sie aus, die »unabdingbaren Gadgets, ohne die es einfach kein zünftiges, ›natürliches‹ ›Zurück-zur-Natur‹ gibt«[131]. Im blätternden Kalkputz der Bauernhäuser erhoffen wir das Andere des heutigen Kapitalismus zu erblicken, eine Hoffnung, in der dieser Kapitalismus wiederum nichts anderes als einen Markt sieht. Die Konsumenten der umweltfreundlich gezogenen Bioprodukte, der mondscheingeschlägerten Fichtenholzböden, sie sind fest davon überzeugt, besonders kapitalismuskritisch zu sein. Und merken oft nicht einmal, dass sie nur ein besonders aktives Konsumentensegment einer prosperierenden Zukunftsbranche sind.

Die Natur, das Schäbige, der Abfall, das gediegene handwerkliche Gebrauchsgut, dem man die Warenförmigkeit nicht ansieht – sie alle scheinen das Andere des Kapitalismus zu sein, sind es aber mitnichten. Der Anschein ist es wiederum, der die Nachfrage nach ihnen in unermessliche Höhen treibt. Kurios und paradox formuliert: Der Anschein der Nichtwarenförmigkeit begründet ihren Erfolg als Waren. »Der präkapitalistische bäuerliche Landstrich und die dörfliche Gemeinschaft, sie sind heute das Image, das Erscheinungsbild von Natur in unserer eigenen Zeit«, schreibt Fredric Jameson. Diese Art von Natur ist nichts »Echtes von früher«, sondern ist von uns selbst gemacht.

Der alte Witz ist wahr geworden: »Die Nostalgie ist auch nicht mehr das, was sie einmal war.«

7. »Gute Geschäfte«

»Buycott« oder: Warum im Kulturkapitalismus ethisches Wirtschaften keine Frage von Gut und Böse, sondern ein Investment in Meinungsmärkte ist.

Es war ein sonniger Frühjahrstag, da schlenderte ich über den Wiener Karlsplatz und hatte ein eher unangenehmes Gefühl, denn ich ging auf den Schwarzenbergplatz zu, wo ich im Hauptquartier der österreichischen Industriellenvereinigung einen Wirtschaftsethiker interviewen sollte. Dass mir diese Aussicht nicht gerade Glücksgefühle bescherte, versteht sich von selbst. Schließlich ist für jemanden wie mich, der mit Großkapital ziemlich automatisch Begriffe wie Profitgier, Steuerdumping und Lohndrückerei assoziiert, der mächtige Gebäudekomplex der Industriellenvereinigung seit jeher eine Art Trutzburg des Klassenfeindes – Kommandozentrale derer, die den kleinen Leuten das Geld aus der Tasche ziehen und ihre Milliarden sicher auf Nummernkonten in Liechtenstein oder auf den Kanalinseln bunkern. Und auch von Wirtschaftsethikern, ich muss es gestehen, hatte ich keine allzu hohe Meinung: Das waren für mich Leute, die glauben, den Kapitalismus mache man besser, indem man den Kapitalisten ins Gewissen rede, dass sie gute Menschen sein sollten, wohingegen ich doch weiß, dass der Kapitalismus ein System ist, das vielerlei Anreize schafft, sich eben nicht altruistisch und menschenfreundlich, sondern egoistisch und fies zu verhalten. Kurzum: Ich erwartete ein uninteressantes Gespräch mit einem uninteressanten Menschen in reichlich unangenehmer Umgebung.

Als ich dem Wirtschaftsethiker, einem Schweizer Chemiemanager namens Klaus M. Leisinger vom Pharmariesen Novartis, vorgestellt wurde, wurden meine Vorurteile nicht eben zerstreut. Es sei ihm eine Ehre, von mir interviewt zu werden, sagte er, er habe gehört, ich sei einer der kritischsten Journalisten meines Landes. So sind sie, sagte ich zu mir, die Großkapitalisten, verschlagen und berechnend, machen einem sinnlose Komplimente und glauben, unsereins würde das nicht durchschauen – dass sie einen betören wollen, damit sie dafür im Umkehrschluss eine freundliche Story bekommen. Aber nein, mit mir nicht, sagte ich mir. Mich kaufst du nicht, Junge! Den Typen führ ich vor, schwor ich mir. Schon mit der ersten Frage wollte ich ihn aufs Glatteis führen. Ich hatte mich gut vorbereitet, noch einmal in Brechts Parabel »Der gute Mensch von Sezuan« nachgelesen, die davon handelt, dass es im Kapitalismus unmöglich ist, gut zu handeln, weil diejenigen, die schlecht handeln, zu Reichtum und Macht kommen, und diejenigen, die gut handeln, auf der Strecke bleiben.

»Herr Leisinger«, fragte ich, »kennen Sie von Bertolt Brecht ›Der gute Mensch von Sezuan‹?« Ich war natürlich sicher, dass er davon noch keine Zeile gelesen hatte.

»Klar«, antwortete der Manager, »vor allem die beiden letzten Zeilen.«

Verdammt – plötzlich hatte nicht ich ihn an der Angel, er hatte mich. »Wie lauten die schnell noch mal?«, stammelte ich.

Leisinger: »Verehrtes Publikum, los, such dir selbst den Schluß / Es muß ein guter da sein, muß, muß, muß.«

Ich war erstaunt: Der Mann kannte Brecht tatsächlich auswendig, und das, obwohl er sich im Gegensatz zu mir nicht darauf vorbereiten konnte. Auch sonst überraschte mich mein Interviewpartner sehr. Nachdem er jahrelang als Pharmamanager gearbeitet hatte, war er Präsident und

CEO der Novartis-Stiftung geworden, die das Unternehmen eingerichtet hat, um Gutes in der Welt zu tun. Seit 2005 amtierte er zudem als Sonderberater von UN-Generalsekretär Kofi Annan für den »Global Compact«, das Programm zur Förderung ökonomischer Fairness und der Menschenrechte im Wirtschaftsbereich, das die Weltorganisation auflegte. Als ich endlich mein geplantes Brechtzitat angebracht hatte (dass im Kapitalismus gute Vorsätze die Menschen »an den Rand des Abgrunds« brächten und gute Taten sie vollends hinabstürzten), hob Leisinger an: »Es kann doch nicht so sein, dass sich wirtschaftliches Handeln nur rentiert, wenn es auf unmoralische Art stattfindet. Außerdem: Wir wissen doch alle, dass das nicht stimmt.« Er jedenfalls sage den Unternehmern, erzählte der Manager, nicht einfach, dass sie gut sein sollen, weil sich das gehört – er sage ihnen, dass sich unmoralisches Handeln nicht rechnet. Ja, sie sollten auch Dinge bleiben lassen, die sie legal tun könnten, die aber in weiten Teilen der Welt als illegitim gelten. »Warum? Weil ich meine legalen Risiken, meine finanziellen Risiken und meine Reputationsrisiken minimiere, wenn ich mich verantwortlich verhalte.« Unternehmen, die etwa Kinderarbeit praktizieren, die von Zwangsarbeit profitieren oder die Umwelt zerstören – und sei es weit unten in Afrika oder im undemokratischen China – riskieren nicht nur, ihr Markenimage zu ramponieren, weil die Konsumenten darauf achten, »ob ein Unternehmen Standards einhält«, sie werden auch Schwierigkeiten bekommen, qualifizierte Spezialisten zu engagieren – denn die wollen auch »für ein Unternehmen arbeiten, für das sie sich nicht schämen müssen«. In Zeiten, wo das Markenimage das eigentliche Vermögen ist, das ein Unternehmen hat, ist Ethik also nicht mehr »bloße« Ethik, sondern eine Investition. Leisinger: »Ethisches Handeln reduziert das Risiko. Es ist wie mit einer

Versicherung. Sagen Sie, die Feuerversicherung rentiert sich nicht, wenn es nicht brennt? Auch im Falle ethischen Handelns ist der Return of Investment schwer zu bestimmen. Aber eines ist klar: Wenn ich auf Gütermärkten erfolgreich sein will, muss ich auf den Meinungsmärkten erfolgreich sein.«

Damit schloss der Manager, und ich muss sagen, dass die Schlussworte ziemlich treffsicher waren – er war damit selbst und höchstpersönlich gerade auf einem Meinungsmarkt erfolgreich gewesen, nämlich auf meinem inneren Meinungsmarkt. Ich hatte einen langweiligen Vormittag erwartet und wurde eines Besseren belehrt – ich hatte einen blitzgescheiten Mann kennengelernt, der im Inneren der Kapitalzirkel auf seine Art den Druck verstärkte, den von Außen die globalisierungskritischen Aktivisten entwickelten. Er wandelte die Energie der »No-Logo«- und Anti-Corporations-Kampagnen in eine Logik und Sprache um, mit der Manager und Firmenbosse etwas anfangen konnten – in die Sprache von Investment, Risikoanalyse und Marketingstrategie. Er war so eine Art Naomi Klein in Nadelstreifen.

Als ein paar Monate später mein Sohn von einem befreundeten Arzt zufällig eine Schirmkappe mit dem Novartis-Schriftzug geschenkt bekam, wanderte die nicht, wie das üblicherweise mit Marketinggeschenken geschieht, die den Beschenkten zu einem wandelnden Werbeträger machen, in den Papierkorb. Die Novartis-Kappe war in unseren Augen moralisch »clean«.

Herr Leisinger hatte also ganze Arbeit geleistet – und die Aporien der Wirtschaftsethik exemplarisch vor Augen geführt. Wirtschaftsethik ist ein PR-Tool unter vielen, zielt auf die Öffentlichkeit ab. In diesem Einzelfall: auf einen kritischen Journalisten. Ob jemand »gut ist« oder sich gut gibt, um den Geschäftsgang zu verbessern, lässt sich oft gar nicht so leicht unterscheiden. Was aber vielleicht auch gar nicht so wichtig ist, wenn das Ergebnis stimmt. Dann nämlich, wenn Unternehmen sich auch aus ihrem ureigenen kommerziellen Interesse heraus dafür entscheiden, üble Praktiken bleiben zu lassen.

Etwa zur gleichen Zeit, als ich mit Klaus Leisinger im Hauptquartier der Wiener Industriellenvereinigung zusammensaß, versammelten sich in den Konzernzentralen der Coca-Cola-Company die Marketingexperten und Pressesprecher, um Strategien zur Krisenabwehr zu besprechen – und dafür hätten sie die Ratschläge Leisingers gut gebrauchen können. Dabei sollte dieses erste Halbjahr des Jahres 2006 ein besonders gutes Jahr für die Firma werden. Coca-Cola war Hauptsponsor der Fußball-Weltmeisterschaft in Deutschland und hatte lukrative Geschäfte mit dem Deutschen Fußball-Verband und der FIFA geschlossen. Die Balljungen bei der WM hießen »Coca-Cola-Ballcrew«, und die Flaggenträger, die den nationalen Mannschaften voranschritten, waren »Coca-Cola-Flaggenträger«. Coca-Cola wusste früher, wer in den deutschen WM-Kader berufen werden würde, als die betroffenen Spieler selbst – schließlich brauchte die Getränkefirma ausreichend Zeit, um Cola-Dosen mit dem Konterfei aller deutschen WM-Fußballer zu produzieren. Die Sportverbände hatten jede Scheu vor der Kommerzialisierung verloren. Irgendwie war Coca-Cola am Höhepunkt seiner Markenmacht. Aber trotz allem war die Laune der Konzernstrategen am Tiefpunkt.

Schließlich hatten Anti-Coca-Cola-Aktivisten, die die Praktiken des Multis in der Dritten Welt anprangern, ihnen schon den Spaß bei den Olympischen Winterspielen in Turin verdorben. Auch hier war Coca-Cola als Hauptsponsor aufgetreten, hatte sein Markenimage mit der olympischen Flamme zu verbinden versucht – und sich dabei gehörig die Finger verbrannt. Während der Reise des olympischen Feuers durch Italien wurden die Fackelträger bei jedem Etappenziel öffentlichkeitswirksam attackiert. »Es ist zutiefst unmoralisch, die olympische Flamme und die Werte, die sie verkörpert, mit der Coca-Cola-Company zu verbinden«, hieß es in dem Aufruf zu den Störaktionen. Doch die Aktionen blieben nicht auf den kleinen Kreis notorischer No-Logo-Engagierter beschränkt. Mehrere italienische Bezirke hatten sich dem Coca-Cola-Boykott angeschlossen. Der Turiner Stadtrat hatte beschlossen, den Ausschank von Coca-Cola-Produkten in öffentlichen Gebäuden zu verbieten. Zwei römische Bezirke hatten sogar dekretiert, dass die Fackelträger mit dem olympischen Feuer ihr Territorium nicht betreten dürfen.

Noch schlimmer hat es die Marke, die den amerikanischen Traum repräsentieren soll, in den USA selbst erwischt. Seit Jahren machen Aktivistengruppen an den Universitäten gegen den Multi mobil. Anfang 2006 verbot die Universität von Michigan den Verkauf von Coca-Cola-Produkten auf dem gesamten Campus. Als die 54 000 Studenten aus dem Weihnachtsurlaub zurückkehrten, fanden sie die Automaten leer vor. Die Michigan-Uni ist nur eine von zwanzig Universitäten in den USA und Kanada, die sich für ein solch drastisches Vorgehen entschieden haben. Auch die New York University – die größte Privatuniversität der USA – hat die Millionenverträge mit dem Multi erstmals eingefroren.

»Killer Coke« nennen die Aktivisten die braune Brause und, den global bekannten Werbespruch persiflierend: »Murder – it's the real thing«. Was sie anprangern, sind die ruppigen Wirtschaftspraktiken des Konzerns, vor allem in Indien und in Kolumbien. In Indien sollen Tiefenbohrungen der Abfüllfabriken für das Abfallen des Grundwasser-

spiegels verantwortlich sein, was die Lebensgrundlagen
der örtlichen Bauern buchstäblich abgräbt. Schwerer wiegen aber die Vorwürfe, der Konzern sei in mörderische
Praktiken gegen Gewerkschafter in Kolumbien involviert.
Fest steht jedenfalls, dass in der Provinz Urabá nördlich
von Medellin, wo das Gesetz der Gewalt herrscht, nicht
nur die Militärs mit bewaffneten Banden – sogenannten
»Todesschwadronen« – zusammenarbeiten, sondern auch
die ansässigen Filialen internationaler Unternehmen. Dazu gehört auch das Abfüllwerk in dem Städtchen Carepa,
in dem die Firma Panamco Getränke für Coca-Cola produziert. Eine fast übliche Praxis ist seit Jahren, störrischen
Arbeitern, vor allem aber Gewerkschaftsaktivisten, die
sich bei Lohnverhandlungen hervortun, Todesschwadronen auf den Hals zu hetzen. So wurde der Anführer der
Gewerkschaft Sinaltrainal, Isidro Segundo Gil, 1996 auf
dem Werksgelände des Coca-Cola-Lizenznehmers von
der Bande des regionalen Todesschwadronen-Chefs Calíche am hellichten Tage ermordet. Daraufhin brannten sie
auch noch das Büro der Gewerkschaft nieder. Kurz darauf
marschierten Calíches Männer am Werksgelände auf, die
Belegschaft wurde zusammengetrommelt, und den Arbeitern wurden vorgefertigte Austrittserklärungen unter

die Nase gehalten, mit denen sie ihre Mitgliedschaft in der Gewerkschaft kündigen sollten. Die Personaldaten hatten die Paramilitärs offenbar aus dem Firmencomputer. In den folgenden Jahren sind sieben weitere Gewerkschaftsaktivisten von Coca-Cola-Werken ermordet worden.[132]

Die mörderischen Praktiken hatten ganz profane, für Cola günstige Auswirkungen: Die Monatslöhne sind in den vergangenen Jahren von 380 Dollar auf 130 Dollar gesunken. Gewiss, man kann fragen, inwiefern die Coca-Cola-Zentrale in Atlanta für unabhängige Zulieferfirmen verantwortlich ist. Aber man kann auch fragen, ob nicht ein global agierender Multi, der um sein Marken-Image besorgt sein muss, auf die Achtung der Menschenrechte in seinem Firmen-Kosmos mehr Bedacht legen muss. Genau auf diesen wunden Punkt legten die Sinaltrainal-Gewerkschafter den Finger. Gewerkschaftsführer, die die Repressionswelle überlebten, flohen nämlich in die USA und begannen eine öffentliche Kampagne gegen die Coca-Cola-Company, die schließlich viel erfolgreicher war, als es jede klassische gewerkschaftliche Protestform je hätte sein können. Sie fanden Unterstützung bei amerikanischen Gewerkschaften und bei studentischen Aktivisten, reisten in der Welt umher, um bekannt zu machen, wofür die Firma, die wie keine andere die westliche Konsumkultur und ein unbeschwertes Lebensgefühl repräsentiert, sonst noch steht: für brutale Bedenkenlosigkeit, wenn es um Märkte und Geschäfte geht. Schon die Boykottaktionen kosten das Unternehmen einige Millionen Dollar. Für die Geschäftsbilanz des Multis ist das vielleicht eine Petitesse. Aber der Imageschaden ist beträchtlich.

Das hat die Coca-Cola-Company am Ende auch eingesehen. Jahrelang hat sie sich taub gestellt, höchst allgemein ihr Bekenntnis zu »Menschenrechten« bekundet und auf Vorschläge, man möge eine internationale Kommission mit der Prüfung der Vorwürfe betrauen, nicht einmal geantwortet. Doch im Frühjahr 2006 hat der Konzern den Schalter umgelegt. Auf der Coca-Cola-Homepage fanden sich massenweise Bekenntnisse zur Wirtschaftsethik. Vor der Fußball-WM wurden kolumbianische Coca-Cola-Repräsentanten eigens nach Deutschland geflogen, wo sie darlegen mussten, wie sehr ihnen Arbeiterrechte am Herzen liegen. Eine eigene Homepage wurde eingerichtet, auf der täglich aktualisiert »Facts über Coca Cola« verbreitet wurden. Cola-CEO Neville Isdell ist zu UNO-Generalsekretär Kofi Annan gepilgert, um ihm die Unterstützung des Unternehmens im »Kampf für Menschenrechte, Arbeiterrechte, Umweltschutz und gegen Korruption« zuzusichern. Coca-Cola wolle »eine Führungsrolle spielen, um die Rechte und die Sicherheit von Arbeitern auf der ganzen Welt« zu stärken. Dass in Kolumbien Arbeiterrechte mit Gewalt unterdrückt werden, wird jetzt auch gar nicht mehr geleugnet. Eine internationale Untersuchung, von Coca-Cola lange abgelehnt, wurde schließlich von der Konzernzentrale selbst gefordert.

Die »ethische Wirtschaftsberatung« von Leuten wie Klaus M. Leisinger und die Kalamitäten, in die globale Markenkonzerne wie Coca-Cola regelmäßig kommen, sind beide ein Symptom für einen eigentlich überraschenden, kuriosen Sachverhalt: Die Kulturalisierung der Ökonomie ist auch ein Hebel zur Verbesserung der Welt. Der durchschnittlich kommerzkritische Bürger würde diese Behauptung wohl zunächst als ziemlich absurd zurückweisen – schließlich ist doch allgemeine Meinung, dass der Kommerz die Welt schlecht macht. Aber wenn man sich die Sache überlegt, ist es eigentlich ganz einfach: Wenn die Konsumenten nicht mehr in erster Linie Gebrauchsgüter kaufen, sondern Lifestyle – was meist nur ein anderes Wort ist für »gutes Gefühl« –, dann können sich die Multis nicht mehr alles erlauben. Ein multinationaler Konzern, der rücksichtslos agiert, Dumping-Löhne zahlt und die Umwelt verpestet, der hat ein Imageproblem; dem drohen Umsatzeinbrüche, aber mehr noch – ein Verfall des Markenwertes und damit eine Entwertung des wichtigsten Vermögens, über das er verfügt. Darauf setzen, selbst wenn ihnen das oft gar nicht so bewusst ist, die Anti-Marken-Aktivisten, und damit spekulieren Initiativen wie der »Global Compact« der UN, für die Leute wie Leisinger arbeiten. Die Konzerne sind dazu gehalten, sich »freiwillig« anständig zu verhalten – aber ganz so »freiwillig« ist die Sache natürlich nicht.

Shell, Nike, Wal-Mart, Coca-Cola – die Liste der großen internationalen Konzerne, die wegen Komplizenschaft bei Menschenrechtsverletzungen, Umweltzerstörung oder weil sie von miserablen Arbeitsbedingungen profitieren, ins Visier markenkritischer Aktivisten geraten sind, wurde in den vergangenen zehn, fünfzehn Jahren sehr lang. Und das Ergebnis ist immer das gleiche: Wenn die »Name and shame«-Kampagnen der Anti-Konzern-Aktivisten vorüber sind, sind die Vergehen der Unternehmen meist abgestellt. Ein drastisches Beispiel ist der Sportartikelhersteller Nike, der in den neunziger Jahren wegen der Zustände bei formal unabhängigen Zulieferern in Asien, sogenannten Sweat-Shops, in die Bredouille geriet. Heute werden wohl in praktisch allen Nike-Produktionsstätten ordentliche Arbeitsbedingungen penibel beachtet – einen solchen Sturm will das Unternehmen nicht noch einmal erleben. Damit nur ja kein Verdacht mehr aufkommt, hat Nike sogar Videos drehen lassen, in denen man sieht, wie es in den Fabriken zugeht – und für die Verbreitung der Bilder via CNN gesorgt. Andere Unter-

nehmen gingen noch weiter. Sie ließen Überwachungs-
videos in den Produktionshallen der Zulieferer aufstellen
– die Bilder kann man live als Webcast im Internet sehen.
Wer will, kann also den Zuschneidern und Näherinnen bei
der Arbeit zusehen – eine Art Reality-TV der globalen
Arbeitsteilung. »Merkwürdige Vorstellung, dass Konsumenten im Westen den Arbeiterinnen der Dritten Welt dabei zusehen, wie sie – ethisch korrekt, versteht sich – ihre
Produkte fertigen«, schrieb die linke Berliner Wochen-
zeitung *Jungle World*.

Aber frei von Paradoxien und Ambiguitäten ist die kapitalistische Welt nun einmal nicht.

Manche Unternehmen beschlossen aus schierer Angst
Maßnahmen zur Verbesserung der Menschenrechtslage in
ihrem Einflussbereich, von denen man sich sogar fragen
muss, ob sie nicht kontraproduktiv sind. Weil Zulieferer
der amerikanischen Textilindustrie in Bangladesch fürch-
teten, wegen der verbreiteten Praxis der Kinderarbeit Probleme zu bekommen, haben sie die Kinder unter 15 Jahren
kurzerhand entlassen. Eine Studie zeigte, dass 70 Prozent
der Kinder ein Jahr später auf schlechteren Stellen arbeite-
ten und 10 Prozent der Mädchen sogar in die Prostitution
abgerutscht waren. Das »ethische Wirtschaften« hatte für
sie also nicht gerade eine Verbesserung ihrer Lage gebracht. Die Jeansfirma Levi Strauss ging angesichts dessen
einen, wie man sagen muss, mutigen Schritt: Sie schaffte
die Kinderarbeit ostentativ *nicht* ab. Die Levi-Strauss-
Manager beschlossen vielmehr, die Kinder nicht einfach
zu entlassen – weil das deren Lebenssituation um nichts
bessern würde –, sondern ihre Arbeitszeit zu reduzieren
und in unmittelbarer Nähe der Fabriken Schulen zu
bauen. In die müssen jetzt alle Kinder unter 15 Jahre gehen, wenn sie bei Levi-Strauss arbeiten wollen.

Skurril ist das schon: Wer Levi's-Jeans kauft, kann die

guten Gewissens tragen, *obwohl* für ihre Produktion Kinderarbeit verwandt wird.

»Ethische Unternehmensführung«, so konstatierte die Berliner *tageszeitung*, »hilft, den Gewinn zu steigern«[133] – und hilft noch mehr, unerwünschte Gewinneinbußen zu verhindern. Natürlich wäre es etwas blauäugig, gleich zu proklamieren, die globale Markenwirtschaft mache die Welt besser und gerechter. Denn es sind ja vor allem die Power-Brands und Lifestylemarken, die auf ihr Image bedacht sind und deshalb aufpassen müssen, dass nirgendwo auf der Welt in irgendeiner ihrer Fabriken etwas Schlimmes geschieht. Ein asiatisches, afrikanisches oder lateinamerikanisches Unternehmen, das beispielsweise Zinn oder Kupfer an westliche Elektronikkonzerne liefert, wird eher selten in die Schlagzeilen kommen – schließlich kennt es kein Mensch in der westlichen Welt. Die allermeisten Firmen dieser Erde sind für die allermeisten Bewohner dieser Erde immer noch No-Name-Firmen, und ihr Verhalten ist deshalb in der Regel schwer skandalisierbar. Allerdings: Die Welt ist klein, und Geschäftsbeziehungen zwischen westlichen Markenkonzernen und zweifelhaften Firmen in Ländern, in denen Menschenrechte nichts gelten, bleiben selten lange geheim. Und die öffentliche Meinung verzeiht wenig. Sicher, man erwartet von einer Firma nicht, dass sie sich darum kümmert, unter welchen Bedingungen das Papier für die Drucksorten, die sie verwendet, hergestellt wird – aber wenn sie von günstigen Preisen fixer Geschäftspartner profitiert, erwartet man in zunehmendem Maße, dass sie nachfragt, warum denn deren Angebote so verdammt günstig sind. Das macht die Manager sensibel.

Deswegen entsteht derweil ein regelrechter Markt für »Corporate Social Responsibility« – »sozial verantwortliches Unternehmertum« –, wie die modische Phrase lautet, und ein Netz von Unternehmensberatungsfirmen, die Konzernen neuerdings sogar dabei helfen, Gefahren zu umschiffen. Eine der bekanntesten ist die britische Consultingfirma mit dem programmatischen Namen »Good Business« (»Gute Geschäfte«). So wie McKinsey, Roland Berger und andere Unternehmen dieser Art Firmen und Institutionen, die ein Problem haben, auf »Effizienz« und »Kostensenkung« trimmen, so verspricht »Good Business« professionelle Hilfe beim Gutsein. Denn es reicht nicht, wenn in den Vorstandsetagen die Parole ausgegeben wird, dass Geschäfte mit übel beleumundeten Firmen besser unterlassen werden sollen – der »Geist« des guten Unternehmertums muss in der gesamten Firma verbreitet werden. So verspricht »Good Business« praktische Tipps dafür, »wie verantwortliches Unternehmertum im Gesamtkonzern eingebettet werden kann« und Antworten auf knifflige Fragen: »Wie profitiert meine Marke von Sozialprogrammen, ohne dass das nach Heuchelei aussieht?« Und: »Wie bringe ich meine Manager auf Schiene?«[134] Gewiss, in der freundlichen Welt, die »Good Business« in den PR-Unterlagen des Unternehmens zeichnet, entscheiden sich Konzerne nicht für »sozial verantwortliches Unternehmertum«, weil sie gerne als anständige Unternehmen angesehen werden wollen – sondern weil es ihnen angeblich ein echtes Anliegen ist, dass sich die Welt in eine gute Richtung bewegt. Man darf freilich daran zweifeln, ob das exakt stimmt. Eher geht es darum, Angriffe von vornherein abzuwehren, die Gefahr gar nicht erst aufkommen zu lassen, dass eine kritische Kampagne den guten Markennamen beschädigt. »Außerhalb der Wirtschaftselite gibt es widersprüchliche und aggressive Haltungen gegenüber Unternehmen. Die Konsumenten mögen Marken und sagen in Meinungsumfragen dennoch, dass sie ›multinationale Unternehmen‹ hassen«, heißt es in einer Broschüre von »Good Business«. Wer also die Marke gegen die Wirbelwinde der Konsumenten-affekte schützen will, der sollte die Dienste der Beratungs-firma in Anspruch nehmen.

In der von Konsum und Lifestyle getriebenen Kultur-ökonomie hat der Verbraucher große Macht. Und er kann diese Macht dazu einsetzen, unmoralische Geschäftsprak-tiken zu bestrafen und moralische zu belohnen. Weit-sichtige Marketingstrategen haben deshalb längst ihren Frieden mit antikapitalistischen Markenkritikern gemacht. »So manche Aktion der antikapitalistischen Pressure-Groups kann ganz nützlich sein, die Dinge in die richtige Richtung zu bewegen«, proklamiert etwa Wally Olins in sei-nem Buch »On Brands«[135] – das ja wohl in erster Linie von Unternehmern, Werbern und Corporate-Identity-Strate-gen studiert wird und eher selten von No-Logo-Aktivisten. Kapitalismuskritik ist, so Olins, heute auch eine Konsu-mentenstrategie, und auf die müssen sich Firmen einstellen – »den Kunden verstehen« ist in der Businesswelt schließ-lich das Entscheidende. Ein raffinierter Unternehmer kann von den Kommerzkritikern sogar profitieren – indem er sich als sauber präsentiert und einen Wettbewerbsvorteil gegenüber möglichen unmoralischen Konkurrenten lu-kriert. Gerade in gesättigten Märkten, auf denen sich die konkurrierenden Konzerne gleichsam auf die Zehen treten, bietet »ethisches Wirtschaften« einen Schlüssel zu neuen Wachstumspotenzialen: »Einen Ausweg aus dem doppelten Dilemma von Vertrauensverlust und Marktstagnation weist das Nachhaltigkeits-Marketing, welches sozialen und öko-logischen Mehr-Wert für den Kunden schafft und neues Wachstum für Unternehmen ermöglicht.«[136]

Aber man kann Olins' Überlegungen auch als Rat-schläge an die Kommerzkritiker interpretieren, etwa wenn er feststellt, dass der, der den Kapitalismus zum Bessren verändern will, doch auf ganz einfache Weise beginnen könne: Er muss nur aufhören, Mist zu kaufen, der die Umwelt zerstört oder auf ausbeuterische Weise hergestellt wurde. »Die Manager«, so Olins, »sind ja keine bösen Menschen. Sie sind Geschäftsmänner. Wenn es danach Nachfrage gäbe, würden sie biologische, vitaminreiche Hamburger verkaufen. Sie würden alles verkaufen, was sich mit Profit verkaufen lässt.«

Das ist natürlich richtig. Ebenso richtig ist, dass »Corporate Social Responsibility« eher eine schöne Illusion als ein praktikabler Weg zur Weltverbesserung ist, eher »Hype« als »Hope«. Denn für jedes umwelt- und menschenfreundlich produzierte Gut gibt es viele andere, die unter miserablen Bedingungen hergestellt werden. Zudem ist vielen Unternehmen ein aggressives Verhalten praktisch in ihr Geschäftsmodell eingeschrieben: Billigketten wie Wal-Mart, Lidl oder ähnliche können eben nur deshalb so preisgünstig verkaufen, weil sie niedrige Löhne zahlen und sparen, wo immer das möglich ist: bei Arbeitsrecht, Umweltschutz, Sicherheit. Und Firmen wie, sagen wir, BP (British Petrol) können noch so schöne Bekenntnisse zu einer sauberen Umwelt abgeben, sie sind nun einmal Ölfirmen. 285 Milliarden Dollar hat die Company im Jahr 2004 im Ölgeschäft verdient, 400 Millionen durch Investitionen in die saubere Solarenergie. Angesichts solcher Zahlen sind die ökonomischen Anreize zum Umweltschutz eher beschränkt – da braucht es staatliche Regeln, Moral allein wird wenig helfen.

Zumal die Geschäftsleute ja auch vom Markt unterschiedliche Signale bekommen. Einerseits wollen die Konsumenten gesunde Produkte, die die Umwelt nicht ruinieren und nicht mit dem Blut, dem Schweiß und den Tränen halbversklavter Arbeiter aus der Dritten Welt produziert sind – andererseits wollen sie die Produkte zu einem möglichst günstigen Preis. Wer zur Greenpeace-Demo mit dem Billigflieger von Air Berlin anreist, der verhält sich, nun ja, etwas inkonsequent, um das Mindeste zu sagen. Aber Inkonsequenzen dieser Art bilden den Fundus der »Marktsignale«, die Unternehmen erhalten.

All das ist bekannt, auch irgendwie folgerichtig und logisch: Dass in den Konsumenten widersprüchliche Logiken im Streit liegen und dass »ethisches Wirtschaften« im Kulturkapitalismus imagerelevant ist – und damit wesentlich für den Geschäftsgang. Aber es hat auch eigenartige Implikationen und Folgen, die alle mit dem Umstand zu tun haben, dass die Markenkritik in der Logik der Marke formuliert wird, der Protest gegen die Auswüchse der Marktökonomie mit den Mitteln der Marktökonomie operiert. »Der konzernkritische Aktivismus steht«, um das mit Isolde Charims Worten zu sagen, »auf dem Boden des Kulturkapitalismus – er will diesen nicht beseitigen, sondern ihn beim Wort nehmen. Bei dem Wort seiner Markenidentität, die nicht nur Glückskategorien, sondern auch jene des guten Gewissens bemüht, also Sozial- und Umweltbewusstsein. Die Aktivisten haben erkannt, dass die Marken mit ihren umfassenden Versprechungen die Achillesferse des alles durchdringenden Kapitalismus sind. Um als Marke zu funktionieren, muss sie glaubwürdig sein. Diese Glaubwürdigkeit ist das mentale Kapital, das sie angreifbar macht.« Die Ethik wird gewissermaßen »in die Kategorien des Marktes übersetzt«, und so ist die Logik der Boykotte gegen Firmen, die sich schlecht verhalten, nicht eine der Askese, sondern selbst eine des Konsumismus – nur eben des Konsums »von anderen Marken«. Das politische Eingreifen des Citoyens unterscheidet sich nicht mehr von der Marktaktion des Konsumenten, nein, die ethischen Konsumenten »werden als Konsumenten zu Citoyens«[137].

Das Motto lautet: Ich kaufe, also bin ich gut. Exakter: Ich kaufe diese Ware nicht, sondern jene, also bin ich gut. Früher riefen Ökoaktivisten zum Boykott auf – heute ist daraus der ›Buy‹cott geworden.

In den achtziger Jahren wurde die ökologische Kritik noch im Verzichtsjargon vorgetragen. Doch diese freudlosen Jahre liegen weit zurück. Heute zeichnet sich der korrekte Verbraucher nicht dadurch aus, dass er nicht kauft, sondern dass er das Richtige kauft. »Leute, kauft Hybrid-Autos von Toyota«, dieser Marketingschrei stammt nicht aus der PR-Abteilung des japanischen Konzerns, sondern von der Fraktionschefin der deutschen Grünen, Renate Künast.

So wird auch der Kampf gegen Kommerzialisierung und Power-Brands mit den Mitteln des Branding geführt. Nicht nur, dass Markenkritiker wie Naomi Klein zu Celebrities werden und damit zu so etwas wie Marken, auch konzernkritische Pressure-Groups wie das kanadische Adbuster-Netzwerk (www.adbuster.org) adaptieren wie automatisch die Zeichensprache der Markenwelt – die Zeitschrift der Gruppe unterscheidet sich ästhetisch kaum mehr von den kommerziellen Hochglanzprodukten des Lifestyle-Business. So entsteht eine regelrechte Gegenökonomie, die sich in manchem von der Mainstream-Ökonomie unterscheidet, ihr aber auch signifikant ähnelt. So brachten findige Jungunternehmer im Adbuster-Umfeld den Blackspot-Sneaker und den Blackspot-Unswoosher auf den Markt, zwei Schuhmodelle, von denen das eine ästhetisch den Converse-Sportschuhen, das andere den klassischen Clarks ähnelt. Die Schuhsohle ist aus wiederverwerteten Autoreifen, der Schuh selbst aus robustem Jeansmaterial zusammengenäht. Dort, wo bei Kommerzschuhen das Firmenlogo prangt, ist ein »Anti-Logo« angeklebt, das aber auch nicht anders funktioniert als ein Logo

– es identifiziert den Träger des Schuhs als kommerzkritischen Geist, als Teil einer Community. Kein Wunder, dass der Recycling-Schuh zu einem regelrechten Renner wurde. Produziert ist das Ding in sauberen Fabriken mit ordentlichen Arbeitsbedingungen, von einer garantiert gewerkschaftlich organisierten Belegschaft (www.blackspotsneaker.org).

Es ist ein deutlicher Beweis für die Kraft des Konsumismus, wenn »sogar die Avantgarde der Konsumkritik« anfängt, »Produkte auf den Markt zu werfen« (*Süddeutsche Zeitung*). Doch der Fall des Sneakers ist nur eines der kurioseren Exempel, wie aus rebellischen Zirkeln heraus eine Geschäftsidee entsteht, die dann mehr zufällig als geplant zu einem ökonomischen Erfolg wird. Viel häufiger kommt es natürlich vor, dass Unternehmer ganz bewusst den ökologischen oder sozialen Mehrwert ihrer Produkte kalkulieren. Das wohl bekannteste Beispiel ist die Textilfirma »American Apparel«. Sie produziert, wie Martin Baltes schreibt, »ausschließlich in Kalifornien und geht damit den umgekehrten Weg der meisten Markenhersteller, die, nur auf die Vertriebspower ihrer Marke vertrauend, die Produktion ins Ausland verlegt haben. American Apparel-Gründer Dov Charney zahlt anständige Löhne und produziert von der Schnittvorlage bis zum Etikett alles in eigener Fertigung. Mittlerweile ist American Apparel der drittgrößte T-Shirt-Hersteller der USA – unter anderem deshalb, weil die Konsumenten aufgewacht sind.«[138] Die Marke tritt auf »wie eine Nicht-Regierungsorganisation – nicht von ungefähr erinnert das Logo an das typografische Kürzel von Amnesty International«[139]. Beschäftigt werden bei »a. a.« vor allem Immigranten aus Lateinamerika, die nicht nur das Doppelte vom Mindestlohn erhalten, sondern die sich, wenn sie wollen, sogar von einem der fünf in der Firma arbeitenden Physiothera-

Boommarkt Fair-Trade.
Wer Kaffee kauft, bekommt ein gutes Gewissen mitgeliefert.

peuten massieren lassen können. Kurzum: Die Firma macht alles so, wie sich das der ethische Konsument ersehnt. »Wir wollen den Leuten zu Kleidern verhelfen, die sie lieben, und dabei human sein«, heißt es schlicht im »Mission-Statement« der Firma. Das Konzept erwies sich als so erfolgreich, dass das Unternehmen nun sogar global expandiert – alleine in Berlin gibt es unterdessen drei Läden, in denen man die, übrigens sehr sexy anzusehende, Unterwäsche kaufen kann.

T-Shirts und Tops bei American Apparel sind immerhin zu erschwinglichen Preisen von 17 € oder 24 € zu haben. Oft muss der Konsument für ethisch korrekte Produkte höhere Preise akzeptieren – das ist natürlich okay, schließlich steigen auch die Produktionskosten, wenn den Produzenten der »Fair Trade«-Ware ordentliche Löhne oder Preise für ihre Basisprodukte gezahlt werden. Dass mit der zunehmenden Marktmacht der »Fair Trade«-Branche auch die Großhändler in der ersten Welt ganz ordentlich verdienen, ist ein Nebeneffekt, an dem man nicht herummäkeln sollte.

Gelegentlich freilich führt das Konzept des »ethischen Wirtschaftens« direkt in die Zonen des Luxuskonsums, wie bei der erfolgreichen österreichischen Hausratfirma »Grüne Erde«, die Möbel, Bettwäsche und Accessoires anbietet. Im Katalog findet sich ein ausführliches Manifest zur »Unternehmensphilosophie« (»Was macht die Grüne Erde so einzigartig?«), in dem es heißt: »Mehr als 90 % unserer Produkte werden in Österreich und Deutschland erzeugt, der kleine Rest in anderen EU-Staaten. Den Weg vieler Unternehmen, die Produktion in asiatische Billiglohnländer auszulagern und damit den hohen mitteleuropäischen Lohnkosten auszuweichen, gehen wir nicht. ... Unsere Kriterien, die beim Einkauf von Rohstoffen und bei der Produktion gelten, sind äußerst streng. Sie umfassen ökologische Aspekte, aber auch soziale Gesichtspunkte, etwa die Einhaltung menschenwürdiger Arbeitsbedingungen und arbeitsrechtlicher Mindeststandards in außereuropäischen Betrieben, wo wir etwa Latex oder Kokosfasern einkaufen.« Von selbst versteht sich, dass Materialien, zu deren Entwicklung Tierversuche notwendig waren, es nie in Grüne-Erde-Läden schaffen würden, und ebenso, dass in diesen Läden viele Frauen arbeiten, die die frauenfreundliche Arbeitskultur schätzen, und viele behinderte Mitarbeiter, für deren vorbildliche Integration die Firma den »Homer-Preis« verliehen bekam.

Dagegen wäre nichts einzuwenden, wenngleich der ostentativ präsentierte Umstand, dass nicht in der Dritten Welt produziert wird, ein wenig vom Geist des Protektionismus umweht ist (schließlich bekommen die Länder in der südlichen Hemisphäre nur dann etwas vom Wohlstand ab, wenn sie – möglichst fairen – Zugang zu westlichen Märkten erhalten). Aber Preise von 780 € für eine simple Federdecke oder von 850 € für ein Gitterbett machen die Grüne-Erde-Produkte zu klassischen Positionsgütern, die sich nur die obersten Zehntausend leisten können. Und die bekommen für den Kauf der Prestigeware, anders als jemand, der sich eine protzige Villa baut oder einen Pelzmantel zulegt, auch noch ein gutes Gewissen mitgeliefert. Firmen wie Grüne Erde (oder wie der Manufactum-Versandhandel, von dem wir im vorigen Kapitel hörten) treiben das Konzept des »ethischen Wirtschaftens« auf seine groteske Spitze: »Good Business« ist in diesem Segment gehobenen, politisch korrekten Konsums nicht mehr nur eine Versicherung gegen Imageverlust und gegen eine Bedrohung der Profite, nein, findig und kompromisslos umgesetzt, kann es der Königsweg zu Extraprofiten sein – abgeschöpft von einer Kundschaft, deren antikommerzielle, konsum- und kapitalismuskritische Grundhaltung sie dazu verführt, Phantasiesummen zu zahlen, um guten Gewissens konsumieren zu können. Die Unterschichten, die sich nur den Trash leisten können, werden damit auch noch moralisch deklassiert.

Der euphemistische Doppelsinn des Wortes von den »guten Geschäften« zeigt so seine innere Wahrheit.

8. Oberchic und Unterchic

Oben stellt man die eigene Verfeinerung aus,
und unten isst man Chips.
Oder: Wer kulturell und materiell abgehängt ist,
der kommt da nicht mehr raus.

Gewiss ist der Kulturkapitalismus ein freundlicher Ort, an dem es sich gut leben lässt. Jederzeit kann man hier ein interessantes Erlebnis konsumieren, für die Erfüllung jeder denkbaren Sehnsucht gibt es ein Angebot. Das Leben ist, anders als im fordistischen Zeitalter mit seinem starken Zug zu dem, was Soziologen damals die »nivellierte Mittelstandsgesellschaft« nannten, bunter geworden, es ist nicht mehr in das drückende Gehäuse der strengen Standardisierung gezwungen. Deshalb behaupten manche Denker, der »Kulturkapitalismus«, der »Konsumkapitalismus« oder »die Erlebnisgesellschaft« (man benütze das Attribut, das einem am besten gefällt), sei zugleich eine große Gleichmacher- und Differenzierungsmaschine. Differenzierungsmaschine deshalb, weil jeder anders sein darf als der Andere, ja weil von jedem erwartet wird, dass er nicht den Mainstream verkörpert, nicht Durchschnitt ist, also, mit einem anderen Wort, kein langweiliger »Normalo«; ebenso aber sei er eine Gleichmachermaschine, weil jeder Lebensstil als gleich wertvoll gilt wie der andere. Die Menschen haben ein Distinktionsbedürfnis, aber es existiere keine zentrale Norm mehr, die bestimme, welcher Lebensstil »besser« als der andere sei. Bürgerstil, Bobo-Stil, Boheme-Stil, Spießer-Stil, Radical Chic, Jeunesse doreé & Unterschichtenstil – alles gleich viel wert. Zwar gäbe es Menschen, die mehr Geld verdienen als die anderen und einen höheren Lebensstandard haben, aber mit dem Schichten- oder gar Klassenmodell ließe sich diese durchlässige, flexible, sich ständig in Umwälzung befindliche Gesellschaft einfach nicht mehr treffsicher beschreiben, so die Behauptung. Paradigmatisch hat diese These der deutsche Soziologe Gerhard Schulze formuliert: »Die materiell Gleichgestellten«, proklamiert er, »sind kulturell zu heterogen und die kulturell Ähnlichen materiell zu ungleich, als dass das Modell der geschichteten Gesellschaft noch passen würde; seine Zeit ist um.«[140] Der Vorstellung der in Klassen geschichteten Gesellschaft liege, so Schulze, ein »vertikales Modell« zugrunde, die Idee einer allgemeinen »Hackordnung von Dünkel und symbolischer Unterordnung«, während ein horizontales Modell gleichberechtigter Stilgemeinschaften der Wirklichkeit viel näher komme – von Stilgemeinschaften, die sich wechselseitig zwar vielleicht dünkelhaft voneinander abgrenzen mögen, das aber gewissermaßen auf gleicher Augenhöhe.

Mit anderen Worten: Alle sind irgendwie anders als die Anderen, aber Oberschicht und Unterschicht, die gibt's nicht mehr.

Manches mag an Schulzes Stildifferenz-Beobachtung auch nicht völlig falsch sein, doch ist offenkundig, dass sie einen Sachverhalt ausblenden muss: Die postfordistischen Gesellschaften werden zunehmend ungleicher, und zwar nicht nur in der erfreulichen Hinsicht, dass eben jedem gestattet ist, anders als die Anderen zu sein, sondern auch in der weniger erfreulichen, dass es gesellschaftliche Leitsegmente gibt, deren Angehörigen alle Chancen offenstehen, und ein wachsendes Segment an Prekarität, Dauerarmut, Abgehängtheit, wo sich Chancenarmut konzentriert. In einer Hinsicht ist die Beobachtung sogar grandios falsch: Sie unterstellt, die kulturelle Differenzierung ent-

Zusammenprall der Kulturen.
Over- und Underground, traut vereint.

schärfe Ungleichheiten. In Wirklichkeit ist wohl das
Gegenteil der Fall, da sich »soziale Schwäche« heute nicht
mehr allein materiell, sondern auch kulturell begründet.
Wie das funktioniert, ist leicht erklärt: Wenn heute Image
alles ist, heißt das natürlich auch, dass es gesellschaftliche
Gruppen gibt, die ein »modernes« Image haben, und andere, die ein »schlechtes« Image haben – und dass der
Imagenachteil der Unterprivilegierten materielle Nach-
teile noch potenziert; wenn Identität über Konsum konstituiert wird, ergibt sich zwangsläufig, dass manche Zugang zu einem exklusiveren »Ich« haben, während sich die
Anderen das ihre bei Lidl und in der Resterampe zusammenkaufen müssen; und wenn im Kulturkapitalismus
kulturelle, symbolische Kompetenzen ganz entscheidend

sind, haben diejenigen einen kaum mehr aufholbaren Nachteil, denen es an diesen Kompetenzen gebricht. Soziale Ungleichheit ergibt sich, nach den Worten des Berliner Soziologen Michael Markopoulos, heute eben nicht mehr »nur aus materieller Deprivation, sondern auch aus mangelnder kommunikativer Anschlussfähigkeit innerhalb eines gesamtgesellschaftlichen Dispositivs der individuellen und kollektiven Optimierungen«[141].

Anders gesagt: Wer nicht hip und trendy ist, der ist unten durch. Die Armen sind heute nicht nur arm, sie sind auch uncool. Die Armen, das sind die, von denen flotte Neoliberale wie etwa Ulf Poschardt, der Chefredakteur der *Vanity Fair*, sagen, sie lebten im »Hartz-IV-Luxus«, und man solle ihnen eine »Chance auf ein Leben ohne staatliche Subvention« gönnen. Da wird dann forsch gefordert, man müsse mehr »Härte ins Leben« bringen. Dabei ist natürlich immer gemeint: mehr Härte ins Leben der Anderen.

Bedrängte pekuniäre Verhältnisse sind ein Indikator für Unterprivilegiertheit. Aber sie sind nicht der einzige. Und im Kultur- und Lifestylekapitalismus wächst logischerweise die Bedeutung dieser »sanften«, schwerer messbaren Faktoren. Bleiben wir gleich bei der Vokabel »Kommunikation«. Kommunikation ist ein betörender, aber auch in die Irre führender Begriff. Ohne Zweifel haben die technologischen Revolutionen die Welt zu einem Ort gemacht, an dem ununterbrochen Aberbilliarden an Megabits an Zeichensignalen rund um den Globus gesandt werden – und ebenso zweifellos sind heute mehr Leute »Sender«, also fähig, sich Gehör zu schaffen und Aufmerksamkeit auf sich zu lenken. Gerade jetzt, also am Ende der ersten Dekade des neuen Jahrtausends, bahnt sich eine neue »Internet-Revolution« an, wird das globale Web von Datenströmen interaktiver, niedrigschwelliger, demokratischer. Im Wort »Kommunikation« klingt das an. Wer »Kommunikation« sagt, meint eher Dialog, nicht Befehl und Gehorsam. Gleichzeitig gilt aber nicht weniger, nur auf etwas raffiniertere Weise als in früheren Zeiten, dass »›Dialog‹ oft genug ein an die Machtlosen gerichteter Monolog der Mächtigen«[142] ist, wie das Terry Eagleton einst formulierte. Bloß ist »Macht« ein Begriff, der nicht allein mehr ökonomische Macht oder politischen Einfluss meint. Die »Zeichenmächtigen« und »Experten für das Symbolische« haben kulturelle Macht, auch wenn sie nicht immer zu den Reichen gehören – manche führen sogar eher eine moderne Boheme-Existenz und fragen sich, was sie materiell eigentlich noch von der Unterschicht unterscheidet, oder ob sie nicht in Wahrheit »urbane Penner« seien, eine Wendung, die Mercedes Bunz, die Chefredakteurin des *Tagesspiegel*-Online prägte. Und die kulturell »Machtlosen« müssen nicht immer materiell ganz unten sein. Nur: Wer kulturell abgehängt ist, der kommt auch materiell eher früher als später unter Druck. Und: Wer kulturell *und* materiell unten ist, der ist in einer Abwärtsspirale, aus der er nur mehr schwer herauskommt. Wer materiellen Mangel leidet, aber kulturell up to date ist, der kann sich vielleicht als Dandy über den hündischen Kommerz erhaben fühlen. Wer aber materiellen Mangel leidet und auch noch symbolisch deklassiert ist, dem klebt schnell das »Loser«-Image an. Und wer als Loser gilt, der wird heute als Aussätziger behandelt – als einer, der es sich »im sozialen Netz bequem gemacht« (Poschardt) hat, der nicht hineinpasst in die hyperschnelle Leistungsgesellschaft unserer Tage; der sein Schicksal verdient hat, weil er einfach nicht kreativ genug ist.

Hinzu kommt: Kulturellen Mangel leidet man nicht etwa, weil man Pech hat. In kulturellen Mangel wird man hineingeboren, und sich aus diesem herauszuarbeiten, ist heute viel schwerer als früher, als die materiell Schwachen nicht zu Unrecht darauf hoffen konnten, dass ihre Kinder es einmal besser haben. Wer heute am falschen Ort in die falschen Familien hineingeboren wird und womöglich noch in die falsche Ethnie, der hat im Alter von drei Jahren oft schon einen Rückstand, den er sein ganzes Leben nicht mehr aufholt – und zwar einen Rückstand an sprachlicher, kultureller, symbolischer Kompetenz. Die Gesellschaften im Kulturkapitalismus werden also, aller Flexibilitätsrhetorik zum Trotz, immobiler, und zwar aus einem ebenso simplen wie deprimierenden Grund: Von unten nach oben kommt man schwerer als in den siebziger Jahren, eben weil Bildung, kommunikative Fähigkeiten, Networking und Selbstdarstellung viel wichtiger für den gesellschaftlichen Aufstieg geworden sind. Und das sind alles Dinge, von denen man in der Pflichtschule bestenfalls Bruchstücke lernt.

»Negative Sozialvererbung« nennen das die Wohlfahrtssoziologen.

Neue Arten von Ungleichheiten sind also ein Effekt des Kulturkapitalismus. Der Wiener Architekturtheoretiker Georg Franck hat in seinen Studien über die »Ökonomie der Aufmerksamkeit« diese neuen Ungleichheiten penibel vermessen. Beachtung, Aufmerksamkeit ist in der postindustriellen Gesellschaft ein immaterieller Schatz, der sich unmittelbar in materielle Macht verwandeln lässt – so Francks Entdeckung. Er wird über alle Arten von Medien verteilt, und zwar, wie sich von selbst versteht, sehr ungleich – und diese Medien kapitalisieren die Beachtung wiederum, etwa indem sie Werbezeit verkaufen und andererseits in den Ruhm der Beachteten investieren, seien das TV-Moderatoren, Popsternchen, PR-Genies, Altkanzler oder sonstige Celebrities. Aufmerksamkeit ist im kulturellen Kapitalismus ohnehin eine der wichtigsten Kapi-

Unterschicht und Unter-Chic.
Ungleichheit als Lifestyle-Differenz

talarten, weshalb das Geschäft mit der Aufmerksamkeit
»härter, nervöser, schneller«[143] wird.

Die neuen, subtilen Formen von Ungleichheit sind also
nicht zu übersehen. Gewiss, jeder kann, beispielsweise, im
Internet vertreten sein – aber wer im Netz überhaupt
nicht vorkommt, der ist sozial praktisch nicht-existent
(ein beliebtes Hobby ist es, jemanden zu »googeln« – und
wer keinen oder nur wenige Einträge hat, sinkt sofort in
der Achtung seines Umfeldes); wer nichts ist, wird auch
keines Blickes gewürdigt. Gewiss auch, jeder darf, ja muss
sein eigenes unverwechselbares Ich kreativ entwickeln
(»Werde zu einer entwickelten sozialistischen Persönlichkeit«, herrschten schon im untergegangenen Staatssozia-
lismus die Parolen die Bürger an), aber die Kompetenzen
dafür sind schroff ungleich verteilt.

Wir sehen also: Die Kulturalisierung hat eine Reihe von Ungleichheits-Effekten, und manche haben mehr, manche weniger demütigende Wirkungen.

Doch die Auflösung von Gleichheitskulturen und die Etablierung vieler, neuer Differenzen ist nicht nur der *Effekt* des Kulturkapitalismus, meint der Pariser Soziologe Pierre-Michel Menger. Diese neuen, subtileren und manifesteren Ungleichheiten, behauptet er, seien das eigentliche *Ziel* der Kulturalisierung des Ökonomischen. Dass die zentralen Werte der Künstlerexistenz – Kreativität, Fantasie, Improvisation, atypisches Verhalten – zu den neuen Arbeitnehmertugenden erklärt werden, dass die »kreativen Klassen« als die vorbildhaften Figuren des Wirtschaftslebens gepriesen werden, habe, so Mengers These, von Beginn ab zur Absicht gehabt, die Gleichheits- und Solidaritätskultur des fordistischen Kapitalismus auszuhebeln. In den Kunstberufen waren ja die Unsicherheiten und Ungleichheiten, die in der »Normalwirtschaft« nicht mehr akzeptiert wurden, immer schon üblich. »In Kunst, Theater und Film herrschen genau wie im Sport ganz erhebliche Erfolgs- und Gehaltsungleichheiten, die eine große Faszination ausüben, gesellschaftlich akzeptiert sind und gleichzeitig ostentativ zur Schau gestellt werden.«[144] Vom Markt »geförderte Ungleichheiten«, etwa, dass ein Maler Millionen verdient, während zehn andere am Hungertuch nagen, wurden in der Kunstwelt schon zu einer Zeit als »normal erachtet und zelebriert«, als in Industrie, Fabriken und Büros die Gewerkschaften noch darüber wachten, dass die Einkommensschere zwischen Spitzen- und Normalverdienern nicht zu weit aufging. Die Kulturmärkte sind nachgerade *The-winner-takes-all*-Märkte in Reinkultur, wo feine Unterschiede große Folgen haben – so ähnlich wie im Sport, wo der, der stetig ein bis sieben Hunderstelsekunden schneller ist als die Konkurrenz, möglicherweise ein zehn- bis zwanzigmal höheres Einkommen hat als der Zweite und in einer völlig anderen Liga spielt als der zehnte, auch wenn der ebenfalls ein Weltklasseathlet ist. Das »Kreativitäts«-Paradigma, das von den Kunstmärkten in die normalen Arbeitsmärkte eingewandert ist, sollte also von vornherein die Ungleichheiten verallgemeinern und legitimieren, die im Kunstfeld seit je akzeptiert sind, so Mengers These.

Diese Basisannahme verdeutlicht der französische Soziologe anhand verschiedener Aspekte. Die Kulturbranchen, führt Menger aus, zeichnen sich durch einen weitgehenden Mangel an sozialer Absicherung aus. Menger: »Ich-Unternehmertum, *free-lancing* und die sonstigen atypischen Beschäftigungsarten sind die vorherrschenden Formen der Arbeitsorganisation im Bereich der Kunst«. Die Propagierung des Künstlermodells führte damit zur Ausweitung der Zonen »(hyper)flexibler Arbeitsformen« – über den Kunstbereich hinaus. Der Köder der nicht-entfremdeten Arbeit, nichtmaterieller Entschädigungen (wenig Arbeitsroutine, hohe gesellschaftliche Anerkennung) habe viele Menschen dazu verleitet, Bedingungen mit Freude zu akzeptieren, denen sie sich durch bloßen Zwang nie gebeugt hätten. Sie haben nicht nur relative soziale Einförmigkeit gegen mehr Vielfalt eingetauscht – sie haben Möglichkeiten gegen Sicherheit getauscht, also mit den Optionen auch Unsicherheit bekommen.

Im Kulturkapitalismus materialisiert sich Ungleichheit auch im Stil – was ihn noch nicht von seinen Vorfahren, von allen anderen Klassengesellschaften unterscheidet. Der Schnösel, der sich zu den Besitzenden zählen durfte, rümpfte immer die Nase über die Vulgarität der Habenichtse. Der Kulturkapitalismus wäre freilich nicht, was er ist, würde er nur für die Oberen einen ästhetischen Stil produzieren und die unten der »Stillosigkeit« preisgeben.

Er etabliert, so paradox das klingen mag, für die kulturell Abgehängten einen eigenen kulturellen Stil (und hin und wieder kannibalisiert der Mittelschichtstil den Unterschichtstil, etwa, wenn Modemarken »Street Credibility« zu erlangen suchen). Diese Stildifferenz ist es, die im neuerdings so häufig gebrauchten Wort »Unterschicht« mitschwingt. Die »Unterschicht« wird ja nicht mehr nur durch harte materielle Faktoren – Haushaltseinkommen, Arbeitsplatzsituation – charakterisiert. Ja, hinsichtlich dieser materiellen Faktoren muss sie sich im Extremfall gar nicht so sehr von manchen Segmenten der »Zeichenmächtigen« unterscheiden, etwa von prekär lebenden »neuen Selbstständigen« in der Medien-, Design- und Internetwelt. Was die Unterschicht erst zur Unterschicht macht, ist ihre Gefangenschaft in ihrem eigenen kulturell-konsumistischen Universum – in ihrem »Unterchic«. Insofern macht auch der Begriff des »Unterschichten-Fernsehens«, der in den vergangenen Jahren für Furore sorgte – der neokonservative Historiker und Publizist Paul Nolte hat ihn geprägt, der Entertainer Harald Schmidt berühmt gemacht –, einigen Sinn. Er verweist darauf, dass heute jedes Gut in vielfältigen Formatierungen zu haben ist und sich Ober- und Unterschicht nicht insofern unterscheiden, dass die Oberschicht konsumiert und der Unterschicht die materiellen Ressourcen zum Konsum fehlen, sondern dass sich, um das mit einem berühmten Wort des französischen Soziologen Pierre Bourdieu zu sagen, längst extrem »feine Unterschiede« etabliert haben. Um beim Beispiel Fernsehen zu bleiben: Für die kulturellen Oberklassen gibt es Arte und 3sat, für die Mittelschicht ARD und ZDF und für die Unterschicht Sat.1 und RTL. Das Negative an dieser Ausdifferenzierung ist, dass mit ihr die gesellschaftliche Distanz wächst, die sich durch Geschmack, Habitus, eine »endlose Reihe von *distinguos*«[145] auftut.

Unterschichtler, das sind aus dieser leicht herablassenden Perspektive Menschen in bunten Unterschichtentrainingsanzügen mit Unterschichtenhunden (die eher bissigen Rassen), die auf grelle Farben und entsprechende Materialien stehen – nix öko, nix bio. Am trainierten Männerbizeps haben sie flächendeckende Tatoos, am Frauenrücken ein Arschgeweih und sie kennen sich gut aus im Leben der Unterschichtscelebrities: Paris Hilton, Verona Feldbusch, Hugo Egon Balder, Hella von Sinnen, Stefan Raab.

Gewiss war der Konsum von Kultur, und zwar ziemlich unabhängig »vom Willen und Wissen der Beteiligten«, immer ein prima Mittel zur »Legitimierung sozialer Unterschiede«[146], wie Bourdieu so nachdrücklich nachwies – doch im Kulturkapitalismus wird, was immer schon angelegt war, radikalisiert und endemisch. Gleichzeitig wird es auf seltsame Weise unsichtbar, denn was in Wahrheit Stigmatisierung ist (mit einer Prise Selbststigmatisierung, wie das bei Underdogs oft vorkommt), erscheint vordergründig nur als einer von vielen möglichen Lebensstilen. Indem Mode, Stil, Image alles durchdringen, werden die Gesetze von Mode, Stil und Image prägend für das gesamte soziale Leben – die »Strategien des Überholens, Überbietens«[147]. In einer ständigen Bewegung werden Lebensstile entwertet, werden selbst distinktive Konsummöglichkeiten im Handumdrehen zum Selbstverständlichen degradiert, wird in einer Art permanenter »avantgardistischer Flucht nach vorn«[148] (auch hier ist die Ähnlichkeit mit Künstlerstrategien nicht zu übersehen) der Lebensstil Weniger mit dem Attribut »cool« versehen, der Lebensstil der Meisten mit »uncool«. Nur sagt man heute eben »uncool« statt – wie einst – »vulgär«, sodass das Coole (und respektive das Uncoole) als individuelle modische Präferenz erscheint und gar nicht mehr so einfach als gesellschaftliche Strategie der

Ungleichmacherei erkennbar ist. Oder anders und einfacher gesagt: Wenn den Kulturkapitalismus auszeichnet, dass die Nachfrage nach den kulturellen Aspekten der Güter das Entscheidende ist, so wird der Kulturkonsum – und mit ihm eben die Produktion sozialer Distanz durch Kultur – derart dominant, dass er mit Fug und Recht als ein kräftiger Motor zur Verschärfung sozialer Unterschiede angesehen werden darf.

Die andere Seite der Medaille ist allenfalls eine, die man leicht positiv bilanzieren könnte: Im Konsumkapitalismus können selbst die Unterprivilegierten nicht völlig vom Konsum exkludiert werden. Sie tragen ihren Teil zur Massenkaufkraft bei, und für sie gibt es eben auch ein eigenes Konsumsegment – vom Unterschichtenfernsehen bis zu den No-Name-Sportartikelherstellern und Videoverleihen, von der Vorstadtdisko bis zum grellen Bummbumm in den Urban Entertainment Center. Kaum ein Hartz-IV-Haushalt, in dem sich nicht DVD-Abspielstation und MP-3-Player finden. Der Staat überweist ALG II, die Gelder werden praktisch vollständig in den Konsumkreislauf eingespeist, übersetzen sich also nahezu hundertprozentig in konsumierte Kaufkraft, und die Unterschichten werden auch noch durch Entertainment ruhig gestellt. Ein nachgerade perfektes System!

Freilich, man sollte einem Irrtum nicht aufsitzen: All das hat mit der Entwicklung eines genuinen, authentischen »Unterschicht-Stils« wenig gemein. Im Gegenteil: Die Variationen, die der Konsumkapitalismus zur Auswahl hat, sind alles Varianten des einen, des »modernen Stils«. Womöglich ist es das, was die Widerstandspotentiale der Unterprivilegierten vollends lähmt. Vor wenigen Jahrzehnten konnte man noch mit einigem Recht von vielen »Kulturen« sprechen, von einer spezifischen Ober-, Mittel- und Unterschichtkultur. Dem Stil der Etablierten stand die proletarische Kultur gegenüber, eine spezifisch andere Form des Habitus, des Sprechens, der sozialen Interaktion, die etwa in der Arbeiterklasse nicht als Manko empfunden wurde, sondern auch Ausdruck des Stolzes darauf war, dass man anders ist als die Schnösel, die mit goldenem Löffel im Mund geboren wurden – »the hard working people, the salt of the earth«, wie es in einem Song der Stones hieß. Ähnliches galt für die bäuerliche Kultur. Die an Mimikry grenzenden Versuche, sich an den Stil der Oberen anzupassen, waren bis in die Mitte des vergangenen Jahrhunderts Merkmal der kleinbürgerlichen Schichten, die dafür von den Unteren verachtet und von den Oberen belächelt wurden. Über die kommerzialisierte Populärkultur, Fernsehen, die Vorbildwirkung von Celebrities werden aber von den Massenmedien seit Jahrzehnten nur *eine* Kultur und *ein* Stil propagiert, die, wie die Jerusalemer Soziologin Eva Illouz schreibt, »der Mittelschichterfahrung näher stehen«, was zur Folge hat, dass die Angehörigen der unteren Schichten permanent »mit Modellen konfrontiert sind, die ihre eigenen Lebensumstände nicht widerspiegeln«.[149] Die unteren Schichten versuchen, den Mangel an symbolischem Kapital wettzumachen, in dem sie sich dem modernen Stil, dem einzig akzeptierten Stil anpassen – was ihnen selten virtuos gelingt, da Habitus ein kulturelles Lernen voraussetzt, ein Gewusst-wie, das man sich nur schwer antrainieren kann.

Wohin das führt, kann man erkennen, wenn etwa Gewerkschafter versuchen, so elegant, gewandt und medientauglich zu sein wie Jauch, Gottschalk oder Westerwelle und sich dann mit schöner Regelmäßigkeit sagen lassen müssen, sie seien tollpatschig und unfähig, die Herausforderungen der modernen Mediengesellschaft zu bewältigen. Was freilich nichts anderes heißt als: Sie sind nicht gewandt im Stil der oberen Mittelschicht.

Seltsam, dass kaum je jemand erwidert: Wenn sie es wären, dann bräuchte es keine Gewerkschafter mehr.

»Bestimmte Gruppen haben einen viel größeren Einfluss als andere auf die Kontur der gegenwärtigen Konsumkultur«, schreibt Celia Lury in ihrer Vermessung der »Consumer Culture«, etwa »in ihrer Fähigkeit, die Entwicklungen von Mode zu beeinflussen«.[150] Müssen diese Gruppen auch nicht notwendigerweise die »wirtschaftlich Mächtigen« sein, so sind sie doch die symbolisch Arrivierten, während die Unterchic-Milieus auch symbolisch abgehängt sind. Und im postfordistischen Kapitalismus gehen materielle und kulturelle Bedrängnis der Unterschichten Hand in Hand. Ihre Bedeutung für die materielle Produktion, die sachliche Seite der kapitalistischen Ökonomie, haben die Unterprivilegierten in den entwickelten Industriegesellschaften verloren – die Handarbeiten machen Maschinen, oder sie wurden nach Fernost verlagert. Anders als die Proletarier früherer Zeiten, die, mögen sie auch ausgebeutet worden sein, so doch gebraucht wurden, weil sie die Fabriken am Laufen hielten, werden die heutigen Unterprivilegierten für die Produktion nicht mehr gebraucht – sie sind in der Logik des Systems »überflüssige Menschen«, wie das der französische Soziologe Robert Castel nennt. Das betrifft nicht nur diejenigen sechs bis acht Prozent der Bürger, die in Feldstudien schon mit dem Attribut »abgehängtes Prekariat« charakterisiert werden, sondern frisst sich weit in die Mittellagen hinein – als Unsicherheitsgefühl, getragen von dem realistischen Bewusstsein, täglich ersetzt werden zu können. Selbst viele derer, die noch gut situiert sind, sind von der sicheren Ahnung gepeinigt, die Zeit ginge über sie hinweg. Abgehängt sind diese Bedrängten freilich, weil es ihnen an den symbolischen, kulturellen Kompetenzen fehlt, die heute die Voraussetzung dafür sind, dass ein

Beschäftigter für seine Firma »unersetzbar« wird, weil sie mit den Moden, den Pirouetten des modernen Stils, dem gewandten Spiel mit Images nicht mitkommen. Kurzum: Weil sie nicht aktiv, sondern höchstens passiv am kulturellen Spiel teilnehmen, das für den zeitgenössischen Konsumkapitalismus konstitutiv ist.

Mit einem Wort: Wer vom Lifestylekapitalismus nicht reden will, der braucht sich über Ungerechtigkeit nicht zu beklagen.

9. Die Norm und die Anderen

Westliche Kultur versus »die Kulturen«
oder: Wie wir uns mit der Verbreitung
der Konsumzivilisation einen Kampf
der Kulturen einhandelten.

»Unser erstes Ziel ist es, uns selbst zu verändern, so dass
wir später die Gesellschaft verändern können«, schrieb der
feingliedrige Mann mit den auffälligen Glubschaugen und
dem gepflegten Oberlippenbart. Einen apodiktischen Satz
reihte er an den nächsten, jeder Absatz sollte ein Imperativ sein. Es ging ihm um nichts weniger als die Zerschlagung »aller Systeme und Regierungen, die auf der Herrschaft von Menschen über Menschen beruhen und auf der
Versklavung von Menschen durch andere Menschen«. Vor
allem der »Materialismus«, zum »höchsten Wert erhoben,
wie das in den Vereinigten Staaten und Europa der Fall
ist«, verlange danach, dass »alle menschlichen Werte auf
seinem Altar geopfert würden« – eine derart vom Kommerz geprägte Welt, mag sie ökonomisch und technisch
noch so avanciert sein, sei »eine rückständige Gesellschaft«.

Nein, die Sätze sind nicht von Karl Marx, auch nicht
von Michail Bakunin, dem Urvater des Anarchismus, und
sie stammen auch nicht aus einer der vielen Anklagen gegen Kommerz, Konsum und Werbung, die die rasante
Ausbreitung des globalen Kapitalismus im 20. Jahrhundert wie sein Schatten begleiteten – nein, sie stammen aus
dem Schlüsseltext des islamistischen Radikalismus. Sayyed Qutb, der ägyptische fundamentalistische Intellektuelle, der nicht nur in der arabischen Welt längst legendär

ist, hat sie Mitte der 60er Jahre aufgeschrieben, in seinem kleinen Pamphlet »Meilensteine«, in dem er auf knapp hundert Seiten die Denkweise des neuen Dschihadismus darlegte. 1964 wurde die Kampfschrift veröffentlicht; Qutb, der schon seit 1955 die meiste Zeit im Gefängnis gesessen hatte, wurde 1966 gehängt – nicht zuletzt wegen der gefährlichen Ideen, die er verbreitet hatte. Sein Denken brachte der Strang freilich nicht aus der Welt. Für den islamischen Radikalismus ist »Meilensteine« heute das, was früher das »Kommunistische Manifest« für die bolschewistische Weltbewegung war. »Die materialistische Attitüde tötet allen Geist ab, die Menschen benehmen sich wie Tiere«, schrieb Qutb, und der Islam werde ihnen zurufen: »Das Leben, das ihr lebt, ist niedrig. Wir werden Euch zu einem neuen Leben erhöhen.«

Schon ein schneller, oberflächlicher Blick in diese Urschrift der islamistischen Doktrin zeigt somit, dass der Aufstieg des muslimischen Radikalismus und die globale Verbreitung des westlichen Kapitalismus einen inneren Zusammenhang haben. Die dschihadistische Mentalität wandte sich von Beginn an gegen die weltweite Ausbreitung eines einzigen Modells, und ihr extremistischer Irrsinn hängt auch mit dem Umstand zusammen, dass dieses Modell nicht allein mit Zwang und imperialistischer Gewalt verbreitet wurde, sondern über eine ungeheure Anziehungskraft verfügt – schließlich wandte sich Qutb ja auch an seine Landsleute und Glaubensbrüder, die die Waren der Kommerzkultur wie »Götzen« anbeten. Der Westen muss andere Kulturen in seine Konsumzivilisation nicht hineinzwingen – diese hat eine verführerische Kraft und eine ökonomische Wucht, die dazu führt, dass andere Kulturen sich gewissermaßen automatisch an ihr orientieren. Wie ein starker Magnet, der noch weit entfernte Kraftfelder beeinflusst, ordnet auch der westliche Konsumkapitalismus das gesamte globale Setting neu – egal, ob das irgendjemand im Westen in einem engen, planmäßigen Sinne »will« oder nicht. Und das provoziert Unbehagen und Abwehrreaktionen. Diese sind ein faktisches Resultat, dessen innere Logik sich nicht einfach aus der Welt bringen lässt, und völlig unabhängig davon, ob wir nun das liberaldemokratische marktwirtschaftliche System des Westens für »gut«, »schlecht« oder zumindest für »besser« halten als andere Systeme auf der Welt. Auch die Tatsache, dass im Rahmen des globalen kapitalistischen Systems die reichen westlichen Länder ihre Vormachtstellung nützen, um auf unfaire Weise ihre Vorteile gegenüber weniger entwickelten Ländern zu perpetuieren, reicht zur Erklärung der neuerdings anschwellenden internationalen Konflikte nicht aus. Dies ist zwar unzweifelhaft der Fall und verschärft viele Probleme unnötig – aber viele von ihnen würde es auch geben, wenn es mehr Fairness gäbe. Um das Kernproblem dessen zu verstehen, was man heute so salopp den »Kampf der Kulturen« nennt, müssen wir uns tatsächlich der »Kultur« zuwenden.

Wir haben gesehen, dass der Konsumkapitalismus nicht nur eine Form ist, Güter zu produzieren, und mehr als nur Waren verbreitet – er verbreitet mit den Waren auch kulturelle Systeme. Er produziert Lifestyles. Da es Waren für eine unübersehbare Menge verschiedener Lifestyles gibt, ist dieser Kapitalismus aber scheinbar kulturell blind – anders als der alte Imperialismus, der »den Wilden« die »Werte der Zivilisation« bringen wollte, glaubt der neue Kapitalismus, dass er einfach eine Vielzahl an Angeboten macht und weit davon entfernt ist, irgendwelche Angebote zur Norm zu erheben. Diese liberale Selbstüberlistung wiederum führt dazu, dass er oft gar nicht begreift, dass er doch eine Kultur zur Norm erhebt, nämlich sich selbst. Denn bei allen Angeboten an Differenzkultur kommt mit der Konsumzivilisation doch nur ein Lebensstil auf den Marktplatz, der *westliche Lebensstil*. Der westliche Kapitalismus betrachtet sich, insofern er sich selbst als universale Kultur sieht, gar nicht mehr als Kultur, sondern als Norm. Diese Norm materialisiert sich in Bildern, in Image, in Lifestyle und wird an jeden Ort unseres Globus geliefert. Den Kulturen, also dem, was sich von der hegemonialen Kultur unterscheidet, wird ihre eigene Minderwertigkeit täglich vor Augen geführt. Sie existieren für die Norm nicht oder besser: Sie existieren, aber nur als das exotische Andere, als die Abweichung, die die Norm zu ihrer Bestätigung braucht. Die Norm ist natürlich begehrt, wie die Waren, die der globale Kulturkapitalismus liefert. Das Partikulare kann sich dem globalen Way of Life nicht einfach entziehen. Aber es muss den Umstand, dass er ihm mit der Autorität des Universalen gegenübertritt, auch als Anmaßung empfinden, zumal diese Autorität nicht einfach bestritten werden kann. Das Resultat ist eine eigentümliche narzisstische Kränkung, ohne die die kulturellen Konfliktlagen unserer Epoche kaum begriffen werden können.

Schon der Gebrauch des Wortes »Kultur« im Kontext dieser Konflikte ist verräterisch. Die hegemoniale Kultur, also der westliche Lebensstil, sieht sich gar nicht als Kultur oder wenn, dann nur in einem ganz anderen Sinn als die partikularen »Kulturen«. Das ist es, was der britische Kulturtheoretiker Terry Eagleton die »liberale Form des Imperialismus« nennt. »In einem gewissen Sinne«, schreibt Eagleton, »besitzt der Westen keine eigene, bestimmte Identität, weil er keine benötigt. Fremd sind die fremden Kulturen, während die eigene Lebensform die Norm und daher eigentlich gar keine ›Kultur‹ ist. Vielmehr sind sie der Maßstab, an dem andere Lebensformen sich eben *als* Kulturen erweisen.[151] Für Stuart Hall, einen anderen großen britischen Kulturtheoretiker, ist der Liberalismus »nicht die ›Kultur, die über den Kulturen‹ steht, sondern die Kultur, die gewonnen hat, das heißt, der Partikularismus, der sich auf dem gesamten Globus erfolgreich universalisiert und hegemonisiert hat«[152]. Wenn die liberale Kultur von »Kulturen« spricht, schwingt das Wort »rückständig« immer schon mit. Identifiziert sie Kulturen nicht als gefährlich, dann sofort als musealen Wert: Kulturen sind das, worum man Sorge trägt, dass sie nicht aussterben. Wir begegnen allen anderen Kulturen mit einer Einstellung, um das mit einer schönen Wendung Slavoj i eks zu sagen, »die von einer Art leerem globalen Platz aus *jede* Lokalkultur so behandelt, wie der Kolonist die zu kolonisierenden Menschen behandelt – als ›Eingeborene‹, deren Sitten genau studiert werden müssen und die zu ›respektieren‹ sind.« Aber das zeigt natürlich, dass schon dieser Respekt (der ohnehin eine Tugend ist, der sich nicht alle im Westen immer verpflichtet fühlen) von jener Art ist, die von Herablassung manchmal schwer zu unterscheiden ist. Der westliche Blick ist davon in jedem Moment eingefärbt. Selbst für die wohlmeinendsten Multikulturalisten gilt das, die etwa das Recht der Einwanderercommunities hochhalten, nach ihrer Tradition zu leben – sie würden das auch bei bunt bemalten Ureinwohnern abgelegener Südseeinseln so halten. Dorthin, wo es Kulturen gibt, fahren wir in Urlaub, wenn wir uns erholen wollen, wenn wir ausbrechen wollen aus der Welt des globalen, homogenen kapitalistischen Glitzeruniversums. Bevor sich im Westen die Ansicht durchgesetzt hat, dass die Araber gefährlich sind, schlenderten die Touristen auch durch die nahöstlichen Souks – die fanden sie »malerisch«.

Es ist in diesem Zusammenhang durchaus fruchtbar, das Urdokument noch einmal nachzulesen, mit dem der Begriff vom »Kampf der Kulturen« in die Welt kam – den

Aufsatz »The Clash of Civilisations«, den der amerikanische Politik-Historiker Samuel Huntington 1993 im US-Diplomatie-Fachblatt *Foreign Affairs* veröffentlichte und später zu einem Buch ausbaute. Gewiss, Huntington wurde für seine Thesen mit Recht scharf kritisiert, weil er die großen »Weltzivilisationen« als recht statische, hergebrachte Einheiten beschrieb, die sich kulturell seit jeher und für immer antagonistisch gegenüberstünden, und weil die Annahme wohl auch nicht so ganz falsch war, dass sich der konservative Denker von einer »Kulturalisierung« der Weltkonflikte eine Rückbesinnung auf Christentum und Kirche im Westen erhoffte; dennoch lässt sich nicht leugnen, dass Huntington einen wachen Instinkt für die kulturelle Logik und moderne Dynamik kommender Konflikte hatte.

Durch die Globalisierung »werde die Welt kleiner«, schrieb Huntington, was aber kulturelle Differenzen nicht notwendigerweise einebne, sondern auch »das Bewusstsein von Differenzen« verstärke. Gleichzeitig sei der Westen »am Höhepunkt seiner Macht«, was, »möglicherweise als Reaktion darauf, das Phänomen einer ›Rückkehr zu den Wurzeln‹ in den nicht-westlichen Zivilisationen« zur Folge habe. Mit der ökonomischen Globalisierung würden die geschwächten Nationalstaaten als »Quelle der Identität« zunehmend obsolet, was religiöse Sinn- und Identitätssuche begünstige, und mit dem Untergang der klassischen Linken, die globale Konflikte mit Begriffen wie Klasse und Imperialismus beschrieb, würden ältere identitäre Muster wichtiger. Damit ziehe ein Denken »›wir‹ gegen ›sie‹« ein, denn anders als in den alten ideologischen Konflikten, »in denen die Schlüsselfrage lautete ›Auf welcher Seite stehst Du?‹«, laute in identitären Konflikten die Frage: »Wer bist Du?« Kurzum: Entgegen der häufig geäußerten Annahme, er würde eine prinzipielle

Feindschaft der Zivilisationen, gewissermaßen die Ewigkeit kultureller Gegensätze lehren, hat Huntington selbst gezeigt, dass es bestimmte moderne, zeitgenössische Veränderungen sind, die die scheinbare Rückbesinnung auf Herkunft, Religion, Kultur begünstigen.[153]
Die globale Ausbreitung des westlichen Konsummodells generiert Stress, weil es, seinem eigenen universalistischen Gestus zum Trotz, natürlich kulturell keineswegs neutral ist: Es ist die Kultur »weißer und männlich dominierter Eliten in den fortgeschrittenen Ländern«[154] (Frederic Jonneson) und als solches sowohl begehrt als auch eine Herausforderung. Natürlich ist dies eine Herausforderung, auf die die »Kulturen« reagieren müssen und auf die sie unterschiedlich reagieren können. Die scharfe Distanzierung, der Versuch der islamistischen Fundamentalisten, »die lokale Kultur von den Verderben bringenden Einflüssen der Außenwelt abzuschotten«, die »Kommunikation mit einer Welt, die man für krank und sündig hält, abzubrechen«,[155] ist nur eine der möglichen Reaktionsweisen – die selbstbewusste Adaption und Umformung des westlichen Kulturmodells, wie es in China und anderen ökonomisch erfolgreichen asiatischen Gesellschaften geschieht, ist eine andere[156]. Und natürlich speist sich auch die »Ware Kultur«, die vom Westen universalisiert wird, nicht nur und simpel aus dem Zeichenfundus der weißen, angelsächsischen amerikanischen Mittelstandskultur – schließlich ist diese mächtig genug, sich für äußere Einflüsse zu öffnen. Dies zeigt sich nirgendwo eindrucksvoller als in der Kannibalisierung von Elementen des Unterschichtenstils oder der früheren schwarzen (Sub-)Kultur in der modernen Warenproduktion, wenn es etwa darum geht, modischen Textilien, coolen Drinks oder angesagten Sportartikeln einen gehörigen Schuss »Street Credibility« zu verleihen. Ausdruck dieser gele-

Dschihad mit Brause.
Mecca-Cola ist bei antiwestlichen Muslimen der letzte Schrei.

gentlich recht kuriosen Ambivalenzen ist es auch, wenn
findige antiwestliche Geschäftsleute kulturkämpferische
»Gegenwaren« auf den Markt werfen wie die in Islamis-
tenkreisen beliebte »Mecca-Cola«[157], oder wenn, nicht viel
weniger paradox, Unternehmen mit einer globalen Kundschaft versuchen, ihre Produkte so »kulturneutral« wie
möglich zu gestalten. So entwickelte die Kette der Westin-
Hotels ein Jahr lang einen Duft, der ab nun die Geruchs-
Identität in jedem ihrer Hotels auf dem Globus prägen
soll. Durchgesetzt hat sich ein Odeur, das sich von
Weißem Tee ableitet. Die Schwierigkeit bestand darin,
einen Duft zu kreieren, der »von Männern und Frauen
und auch von den Angehörigen verschiedener Ethnien
gleichermaßen als angenehm empfunden« wird.[158]
  Nichtsdestoweniger darf uns diese »Hybridität« – also

die künstliche Vermengung bestehender kultureller Stile und die Züchtung neuer – nicht blind dafür machen, dass die globale Konsumkultur nicht einfach zu einer Gleichberechtigung einer Vielzahl von Stilen führt, sondern eben auch zu einem globalen kulturellen Ranking, wobei für die weniger fortgeschrittenen Regionen der Welt auch im kulturellen Ranking die unteren Plätze fix reserviert sind. Genauso reagieren übrigens die kulturellen Habenichtse nicht einfach mit einer identitären Revolte, etwa indem sie sich auf das Hergebrachte besinnen, sondern indem sie das Hergebrachte auf sehr moderne Weise umformen. Auch hierfür wiederum ist der zeitgenössische Islamismus ein sehr lehrreiches Exempel.

Die klügsten Kenner der Geschichte und Gegenwart des Islamismus haben diesen Aspekt hellsichtig analysiert – nur leider werden diese Analysen in der aufgeheizten Atmosphäre des globalen Kulturkampfes, in dem der Westen sich gerne als fortschrittlich und liberal und seine Feinde als anachronistische Wüstenkrieger imaginiert, die noch mit beiden Füßen im siebten Jahrhundert stünden, nicht ausreichend wahrgenommen. »Die Reislamisierung geht Hand in Hand mit der Globalisierung«, schreibt der algerischstämmige Soziologe Fouad Allam.[159] Für den französischen Islamwissenschaftler Gilles Kepel ist der Islamismus eine *moderne* Reaktion auf die Moderne, so wie der Bolschewismus oder die Neue Linke der 60er Jahre eine moderne Reaktion auf den fortgeschrittenen Kapitalismus waren.[160] Olivier Roy, ein anderer führender Kenner der muslimischen Welt, interpretiert den Aufstieg des islamischen Fundamentalismus deshalb sogar als ein Symptom für »Verwestlichung« – eine »Verwestlichung«, die etwas anderes meint, »als selbst westlich zu werden«.[161] Roy: »Das Gefühl, einer Minderheit anzugehören, hat sich durch die ›Verwestlichung‹ oder zumindest

Globalisierung der traditionellen muslimischen Welt noch verstärkt.«[162]

Damit ist nicht nur der ebenso simple wie unbestreitbare Umstand gemeint, dass die islamische Welt durch die Globalisierung mit kulturellen Mustern in Berührung kommt, von denen sie ohne Globalisierung nichts wüsste; auch nicht allein die Tatsache, dass der Import einer global hegemonialen Kultur als Bedrohung hergebrachter Kulturen in den »empfangenden Kulturen« angesehen wird; auch nicht allein der Umstand, dass die Milieus, in denen die Saat des Islamismus auf fruchtbaren Boden fällt, weitgehend aus Entwurzelten bestehen – sei es in den wuchernd wachsenden Metropolen der muslimischen Welt, sei es in den muslimischen Einwanderercommunities in Europa. All das sind wichtige Faktoren, die für eine analytische Beurteilung des Islamismus bedeutend sind. Viel frappierender ist aber, dass die islamistischen Bewegungen selbst einige der strukturellen Mechanismen adaptieren, die den globalen Kulturkapitalismus auszeichnen. So sind sie selbst in den islamischen Gemeinschaften das Neue, das das Hergebrachte herausfordert. Schon in der iranischen Revolution Ende der siebziger Jahre kursierten Kassetten mit den Reden der Heißsporne, die nach und nach die traditionellen und lokalen islamischen Autoritäten ersetzten. Der Islamismus hat es zumindest teilweise geschafft, »die historische und kulturelle Dimension des Islam anzufechten und schließlich zu verdrängen«[163]. Die Fülle und regionale Vielfalt der lokalen islamischen Kulturen wurde durch eine Art Einheitsislam ersetzt, den Allam mit der klugen Wendung »globaler Protest-Islam« charakterisiert, der auch seine Zeichensprache und Insignien zu Lebensstilen globalisiert. Dazu gehört »der Gebrauch des Schleiers mit denselben Merkmalen von Jakarta bis Marseille« ebenso wie der Bartwuchs der

Frömmler und die Dschellabah, das bodenlange Männer-
kleid. Der Protestislam setzt dem globalisierten westlichen
Lifestyle einen globalen muslimischen Lifestyle entgegen,
der lokale Traditionen, regionale Stile, die Taliban-Doktrin,
eine exaltierte Koranauslegung, westliche Konsumkritik,
eine Prise Leninismus (in Qutbs »Meilensteine« gibt es
mehr als nur Anklänge von Lenins Idee der revolutionären »Avantgarde«), New-Age-Bruchstücke (»Finde dich
selbst!«) und gut abgehangene antiimperialistische Parolen
zu einer wilden Mischung verrührt. Kurzum: Der Eklekti-
zismus und die Hybridität der Konsumkultur wird im Protestislam noch einmal verdoppelt. Nicht weniger kurios:
Selbst der Dschihadismus folgt noch der medialen Logik
der globalen Kultur. Was wäre der Selbstmordattentäter
ohne das moderne Homevideo, auf dem er seine Tat begründet, bevor er sie ausführt, was wäre seine Tat ohne die
Fernsehbilder von zerfetzten Leichen, schreienden Ver-
wundeten oder gar einstürzenden Wolkenkratzern? Nicht
von ungefähr hat eine amerikanische Forschergruppe die
»Webmaster des revolutionären Islam« auch die »wahren
Gläubigen des Spektakels« genannt. Das Youtube-Motto
passt zu ihnen, maßgeschneidert wie ein Sprengstoffgürtel:
»Broadcast Yourself«.

Ethnischer und religiöser Fundamentalismus ist eine
Gegenreaktion auf die globale Konsumkultur, ein partiku-
larer Abwehrversuch. Welchen Grad an Rationalität oder
Irrationalität wir ihm zubilligen, ist völlig unerheblich,
und wenn er eine Reaktion auf die global hegemoniale
Kultur ist, folgt daraus logischerweise, dass er mindestens
ebenso sehr ein Produkt der westlichen Konsumkultur ist
wie der islamischen Gesellschaften selbst. Mag er ein
Monster sein, dann ist er das Monster, das wir selbst ge-
züchtet haben. Gewiss wäre es falsch, zu insinuieren, der
islamistische Furor, der Todestrip der Selbstmordatten-

täter und der Kopfabschneider im Irak etwa, ließe sich allein daraus erklären. Die üblicherweise angebotenen Erklärungen, seien es die Modernisierungshemmnisse in der islamischen (und hier vor allem der arabischen) Welt, seien es der Neo-Imperialismus der USA oder geo- und wirtschaftspolitische Interessen, sie alle sind ebenso wichtige Elemente, ohne die die jüngsten globalen Krisen schwer erklärt werden können. Ich möchte hier gar nicht andere monokausale Erklärungen durch eine neue monokausale Deutung ersetzen, sondern nur darauf hinweisen, dass das gesamte Ausmaß an Gereiztheit und Entfremdung, das die globalen Konflikte heute auszeichnet, nicht zu verstehen ist, wenn wir unsere Sinne nicht für die Auswirkungen der globalen Hegemonie des westlichen Konsummodells schärfen.

»Die kulturelle Durchdringung der Welt durch ein konsumorientiertes, alles assimilierendes Zentrum hat die verschiedenen Kulturen der Dritten Welt zerstört«, schrieb Pier Paolo Pasolini schon vor über dreißig Jahren in seinen berühmten »Freibeuterschriften«. »Das Kulturmodell, das ... angeboten wird, ist nur ein einziges. Die Angleichung an dieses Modell erfolgt vor allem im Gelebten, in der Existenzweise.«[164] Kaum jemand hat so früh und in so dunklen Wendungen die globale Verbreitung des westlichen Konsummodells beklagt wie der linke italienische Regisseur und Dichter Pasolini. »Kein faschistischer Zentralismus hat das geschafft, was der Zentralismus der Konsumgesellschaft geschafft hat«[165], formulierte Pasolini gar. Für ihn stellte das moderne System der »Massenkultur« ein »Phänomen von anthropologischer ›Mutation‹«[166] dar. Auf globaler Ebene werde ein Modell durchgesetzt, das sich seine eigenen Konsumbürger heranzüchtet, sodass selbst die kulturellen Formen, die Sprachen, die Gesten, die Existenzweisen verlorengehen und in Vergessenheit geraten, mit denen gegen diese Einheitskultur noch operiert werden könnte. Schon in der körperlich-mimischen Sprache der Leute stünde, so Pasolini, förmlich eingeschrieben: »Die herrschende Macht hat beschlossen, dass wir alle gleich sein sollen.«

Man muss nicht alles an Pasolinis dunkelgrauer Rabulistik unterschreiben, aber eines lässt sich dreißig Jahre später kaum mehr leugnen: Die Etablierung der westlichen Konsumzivilisation zur homogen-hegemonialen Kultur auf diesem Globus ist ohne Gegenreaktionen offenbar nicht zu haben. Oder, um das in der Sprache der Kommerzkultur zu formulieren: Sie hat offenkundig ihren Preis.

Schluss

»Was soll ich tun?«

*Warum der Kulturkapitalismus die Welt
nicht unbedingt besser macht.*

Macht der Kulturkapitalismus die Welt besser oder
schlechter? Mit Recht erwarten die Leser nach einer aus-
giebigen Tour d'Horizon durch eine mehr und mehr durch
Stil, Image und sanfte kulturelle Erfolgsfaktoren geprägte
Welt eine handliche Antwort, auch wenn es eine einfache
Antwort auf schwierige Fragen wäre. Zunächst: Der Konsumkapitalismus verändert die Welt, und die erste Notwendigkeit besteht darin, diese Veränderung zu verstehen.
Schließlich neigt der Alltagsverstand ebenso wie das avancierte sozialkritische Räsonieren dazu, die Konsumkultur
chronisch zu unterschätzen. Das ist in die kritisch-theore-
tische Begrifflichkeit selbst eingeschrieben. Unsere Vor-
stellungswelten sind davon beherrscht, dass wir die materielle Produktion für das Entscheidende halten. Mit der
Produktion machen wir die Welt und verändern wir die
Welt. Wenn wir uns Gedanken über formende Bearbeitung
unserer Welt machen, dann stellen wir uns instinktiv materielle Bearbeitung vor; auch wenn wir über die Selbstver-
änderung nachdenken, über die Arbeit der Menschen »an
sich selbst«, dann schwebt uns meist deren Vollzug in der
Produktion vor – als Entwicklung von Talenten und Fertigkeiten in einer materiellen Weltbearbeitung, die eben
immer auch Selbstbearbeitung ist; und wenn wir von
Reichtümern reden, dann gehen wir meist ohne viele
Worte zu verlieren vom Reichtum an materiellen Gütern

aus. Obwohl sowohl Produktion wie Konsumtion »Auseinandersetzungen des bewussten Lebens mit der Außenwelt« darstellen, formuliert der deutsche Kulturtheoretiker Peter Koslowski, sei diese »Dialektik des Bewusstseins von der Philosophie bisher meist nur für das Produzieren in den Blick genommen worden«[167]. In der Geschichte der Sozialtheorie ist in diesem Zusammenhang auch gerne vom »Produktionsparadigma« die Rede. Die kulturelle Dimension der Güter – Stil, Reklame gar oder Werbung – erachten wir deshalb eher als eine Beigabe, eine Nebensache, bestenfalls als unwesentlich, wenn nicht gar als überflüssig. »Die Werbung stellt en bloc eine überflüssige und unwesentliche Welt dar«, schrieb Jean Baudrillard schon vor knapp vierzig Jahren. »Weder in der Produktion noch in der Verwendung der Gegenstände hat sie eine Leistung zu erbringen, und trotzdem fügt sie sich auf vollkommene Weise in das System der Gegenstände ein.«[168] Obwohl sie für die »Funktion« der Gegenstände völlig nutzlos ist, ist sie doch in höchstem Maße »funktionell«, erkannte Baudrillard. Doch die bisherige Kritik an Warenfetischismus und Kommerzkultur ist von einer spezifischen Geringschätzung der kulturellen Seite der Dinge, die in Wahrheit eine Unterschätzung ist, eingefärbt – mittels der bedeutungslosen kulturellen Sahnehäubchen würden Konsumenten zum Konsum von Gütern verführt, ohne dass sie sich immer über den »wirklichen Nutzen« dieser Güter Gedanken machten, lautete die kulturkritische Argumentationsreihe meist in etwa. Auf welch unsicherem Boden diese Kritik stand, fiel meist nicht auf, obwohl folgende Frage doch naheliegend gewesen wäre: Wenn Stil und Image derartig bedeutungslose Accessoires und für die Produktion von Welt tatsächlich so nebensächlich wären, warum sollte es dann wichtig sein, sie zu kritisieren? Doch nur, weil der Konsum von Stil und

Kultur auch eine ebenso wichtige Bedeutung für die Bearbeitung und Veränderung der äußeren Lebenswelt wie für die Selbstbearbeitung der Innenwelt der Subjekte hat, wenn, pointiert formuliert, auch dieses Konsumieren eine »Produktionsform« ist. Zunächst geht es also darum, das überhaupt zu begreifen, dem »Produktionsparadigma« eine Art »Konsumtionsparadigma« gleichberechtigt zur Seite zu stellen und im Anschluss daran die Frage aufzuwerfen, welche Auswirkungen die Über- und Umformung von Gütermärkten zu Kulturmärkten auf unsere Gesellschaften hat. Dieses Neue zu sehen und zu beschreiben, dies ist das primäre Ziel dieses Buches.

Dennoch ist es freilich nicht abwegig, um die Eingangsfrage zu wiederholen, sich darüber Gedanken zu machen, ob der Kulturkapitalismus die Welt besser oder schlechter macht. Ich glaube, ohne dass ich mich um eine Antwort drücken möchte, dass sich das nicht so leicht beantworten lässt (und ohnehin kann man solch eine Frage nicht definitiv beantworten, sondern nur auf Basis der eigenen politischen oder moralischen Präferenzen). Er macht sie natürlich in vieler Hinsicht bunter und lebenswerter, ja er macht sie in mancher Hinsicht auch gerechter. Die Auflösung fester sozialer Milieus und hart voneinander abgegrenzter sozialer Schichten in fluidere Lifestyle-Communities ist wohl auch dann noch als Freiheitsgewinn und Zuwachs an Ausdrucksmöglichkeiten, aber auch als Entschärfung von Klassendünkelei zu bilanzieren, wenn man die neuen Ungleichheiten, die der Kulturkapitalismus einzieht, nicht übersieht. Dass die Codes und Stile der Unterschichten und Beherrschten in den modischen Fundus der Massenkultur aufzusteigen vermögen, gehört ebenso in dieses Bild. Auch der Aufstieg der Künstlertugenden zum Leitbild für die neuen Arbeitnehmer und die Creative Classes gibt vielen Menschen die Möglichkeit zu einem erfüllteren, kreativeren Erwerbsleben. Der Zuwachs an Erlebnisangeboten erweitert den Radius unserer Lebenswelten. Dass man für diese Erlebnisse mit barer Münze bezahlen muss, ist zwar eine Tatsache, die Ungleichheiten nicht abbaut, aber auch nicht notwendigerweise verschärft – selbst die materiell schlecht Gestellten sind in der Regel nicht völlig aus dem konsumistischen Universum exkludiert (einerseits weil der westliche Wohlfahrtsstaat ein Minimum an Teilhabe garantiert, andererseits weil der Kommerzkapitalismus auf ihre Konsumnachfrage nicht vollends verzichten will, drittens weil die unteren Schichten in der Massendemokratie ein entscheidendes Wählerreservoir darstellen). Dass heute Konzerne, weil sie Image verkaufen, eben auch auf ihr gutes Image bedacht sein müssen, bietet sogar Möglichkeiten, diese Unternehmen zu ethischem Wirtschaften zu zwingen.

Andererseits haben wir jedoch gesehen, dass selbst das, was die Welt bunter macht, seine Schattenseiten hat. Die Freiheitskultur des postfordistischen Kapitalismus ist ein starker Motor für Ungleichheiten. Es ist kein Zufall, dass heute 59 Prozent der Weltbevölkerung in Gesellschaften mit zunehmender Ungleichheit leben und bloß 5 Prozent in Ländern mit abnehmender Ungleichheit.[169] Und mit der Totalökonomisierung entstehen zwar konsumierbare Angebote – also Optionen –, aber um den Preis, dass andere Optionen vernichtet werden. Es gibt vielleicht eine größere Vielfalt und mehr Wahlmöglichkeiten, aber um den Preis der Fragmentierung und der Unterordnung unter die Warenform. Wir sehen es unseren Innenstädten an, die immer mehr zu Konsumzonen werden. Der Raum ist verstellt mit kommerzialisierten Erlebnisangeboten, die konsumiert werden können, und der Raum wird eng für nichtkommerzielle Erfahrungen, die der Einzelne nicht vorgefertigt präsentiert bekommt, sondern selbst zu ge-

Früher nannte man das wohl Kunst am Bau.
Werbung an einer eingerüsteten Fassade

stalten und zu steuern vermag. Umgangssprachlich, also philosophisch unpräzise, würde man in der Regel formulieren: Alles wird kommerzieller und künstlicher, für das Echte ist kein Platz mehr. Alles ist in einem solch hohen Grade vorbestimmt, dass die Menschen am Ende ziemlich fremdbestimmt sind.

Vielleicht aber ist die Frage, ob der Konsumkapitalismus die Welt besser oder schlechter macht, auch einfach die falsche Frage. Zielführender ist es, erst einmal zu fragen, wie der Konsumkapitalismus überhaupt noch kritisiert werden kann. Den leeren Platz, von dem aus der Kritiker sprechen könnte, gibt es schließlich nicht. Mit der Universalisierung der Konsumkultur wird auch das scheinbar »Echte« zum konsumierbaren Artefakt, der demonstrative Nicht-Konsum zu einer Art von Lifestyle und selbst die kritische Pose zu einer Haltung unter vielen, aus denen man nach Lust und Laune auswählen kann. Kritik am Kulturkapitalismus müsste also nicht das »Echte« gegen das »Künstliche« ins Treffen führen, sondern dartun können, warum manches Künstliche anderem Künstlichen vorzuziehen ist. Zunächst könnte schon als bemerkenswert gelten, dass der Kulturkapitalismus die Welt nicht merkbar besser macht, hätte man doch auch denken können, dass die Hybridisierung der Geschäftswelt und ihres nackten, baren Gewinnstrebens mit »Kultur« und »Werten« diese aus ihrer moralischen Niedrigkeit erhebt. Aber mit der Kannibalisierung außerökonomischer Werte wird doch recht eigentlich die Ökonomie nicht weniger kommerziell, viel mehr werden die außerökonomischen Werte kommerzialisiert, so sehr, dass man sich nichtkommerzielle Werte tendenziell kaum mehr vorstellen kann.

Anders gesagt: Mag die Ökonomie auch kultureller werden, so wird vor allem die Kultur ökonomischer. Es versteht sich von selbst, dass ihr das, vorsichtig formuliert, nicht immer guttut.

Eine überlebte, etwas pausbäckige Kommerzkritik hat das Authentische, die echten Erfahrungen, die lebendigen zwischenmenschlichen Begegnungen dem Künstlichen, dem Unechten entgegengestellt – bewegte sich aber auf unsicherem Boden, da sie implizit von einem wahren Menschtum ausging, das angeblich durch Kommerz, aber auch durch Technologien verbogen und verschüttet würde. Diese Kritik war nicht zu halten, weil Menschen nicht in einem solch »essentialistischen« Sinne echt, sondern selbst immer schon durch Geschichte und Gesellschaft geprägt sind – also auch durch Wirtschaft und Konsum. Die Postmoderne hat daraufhin ihren Frieden mit der bunten Glitzerwelt gemacht, mit Medien, Pop, den neuen Technologien. Da nichts »wahrer« oder »echter« als das Andere ist, galt aus dieser Perspektive alles, was existiert, als gleich gut, und alles, was auf irgendeine Weise real ist, als interessant (und manchmal: je virtueller die Realität, umso interessanter). Kritik ließ sich von diesem Standpunkt aus eigentlich nicht mehr vorbringen – zumindest keine Kritik an den Dingen. Umso schneidender war der Hohn über die *falschen Formen der Kritik*. Der Spott über »Gutmenschen«, »Wohlfühllinke« und »Alt-68er«, der in manchen Kreisen zum guten (besser: schlechten) Ton gehört, hat nicht zuletzt darin seinen Ursprung.

Aber auch diese leere Affirmation erwies sich als unbefriedigend. Denn schließlich ließ sich nicht übersehen, dass mit der Delegitimierung der Kritik das Unbehagen an der Kommerzkultur nicht einfach verschwand. So zeigt sich etwa, wie das Gerhard Schulze formuliert, »dass mit der Vereinfachung des Weges zu immer mehr potenziellen Zielen die Schwierigkeit, ein sinnvolles Leben zu führen, zunimmt«[170]. Der Kulturkapitalismus zeigt eine innere Tendenz, die Menschen zu entmachten, gewissermaßen zu entmündigen. Sie müssen nichts mehr selber tun, alles wird ihnen angeboten. Der öffentliche Raum wird privatwirtschaftlich angeeignet. Die Sinne werden mit Sinnesreizen bombardiert, ob man das will oder nicht. Der Konsumkapitalismus etabliert die absolute Freiheit – kaufen oder nicht kaufen, was man will (vorausgesetzt, man kann dafür bezahlen) – und gleichzeitig eine spezifische Art des Freiheitsverlustes. Der Einfluss der Bürger auf ihre Lebensumwelt schwindet. Die Frage ist also weniger, ob etwas echt oder unecht ist, ja nicht einmal, ob etwas Warenform annimmt oder nicht, sondern ob es gelingen kann, »sich zu sich und den Verhältnissen, in denen man lebt und von denen man bestimmt ist, in Beziehung zu setzen,

sie sich aneignen zu können«.(Rahel Jaeggi)[171] Waren
müssen dem nicht unbedingt abträglich sein, wie wir gesehen haben – sie können gerade als Kulturwaren auch
Gadgets sein, die der Selbstverwirklichung nicht im Wege
stehen, sondern bei dieser helfen. Aber diese »Hilfe« ist
immer eine zweischneidige Sache, weil das vordergründig
»Eigene« kaum mehr anders kann, als mit Fabriziertem zu
operieren. Und die verallgemeinerte Warenform ist eigen-
sinnigen Aneignungen ohnehin vollends abträglich, eben
weil der Markt bestimmte Arten von Möglichkeiten multipliziert, während er andere vernichtet.

Zumindest in dieser Hinsicht macht der Kulturkapitalismus, wenn wir hier mit einer handlichen Antwort auf-
warten wollen, die Welt ganz gewiss nicht besser.

Der kommerzielle Kapitalismus ist ein »Raumverdränger«
von der Art, wie er in Peter Handkes Stück »Zurüstungen
zur Unsterblichkeit« auftritt. Über die Raumverdränger
heißt es da: »Wo sie auftreten, wollen sie das Sagen haben
und verdrängen mitten im Frieden den Raum.« Wie der
oder die Einzelne sich angesichts dessen verhalten sollte,
ist so leicht gar nicht zu sagen, und, ich muss es gestehen,
es liegt mir auch nicht, ein Buch über ein derart komplexes
Thema wie die Konsumkultur mit einer Reihe von Hand-
lungsanweisungen nach Art der zehn Gebote zu beenden.
Das Vertrauen auf das eigene Denken der Leserschaft ist
mir sympathischer, entsprechend der Schlusssentenz aus
Brechts »Der Gute Mensch von Sezuan«: »Verehrtes
Publikum, los, such dir selbst den Schluß! / Es muß ein
guter da sein, muß, muß, muß!«

Man kann die Analysen, die hier vorgebracht wurden,
gewiss unterschiedlich lesen. Der eine wird vielleicht sagen: »Man kann ohnehin nichts tun. Angesichts des tota-
len, paradoxen Raumes der Konsumkultur bleibt einem

nichts anderes übrig, als mitzutun.« Die Nächste wiederum wird sie als Beweis für die völlige Perversion eines Systems lesen, das seinen Untergang verdient habe. Der Dritte wird vielleicht meinen, mit Aufklärung könne man die Menschen dazu bringen, das Wichtige vom Unwichtigen zu unterscheiden. Und die Vierte wird womöglich anmerken, verglichen mit früheren Epochen sei der Konsumkapitalismus geradezu ein Paradies an Freiheit, Wohlstand, Lebensfreude.

Ich denke, ein Anfang wäre schon gemacht, wenn wir unser Bewusstsein für die Mechanismen, die Dynamik und die Paradoxien des Konsumkapitalismus schärfen. Selbst wenn wir Teil dieses Systems sind und selbst »mitmachen«, ist es doch ein Unterschied, ob ich weiß, wobei ich mitmache, oder nur bewusstloses Objekt bin. Es ist eine Sache, ein Spiel blind mitzuspielen. Es ist eine andere Sache, wenn ich die Regeln des Spiels kenne. Ich gewinne dann, auch wenn ich nicht Autor der Regeln bin, an Souveränität zurück. Bis zu welchem Grad ich mitmache, ist dann eine souveräne Entscheidung. Ab welchem Punkt ich mich verweigere, ebenso (auch wenn ich weiß, dass die Verweigerung am Gesamtsystem vielleicht nichts ändert). Und gegebenenfalls kann ich dann entscheiden, welche Aspekte des kulturkapitalistischen Arrangements ich aktiv bekämpfe.

Insofern ist Aufklärung immer noch Ausgang aus selbstverschuldeter Unmündigkeit.

Der Einzelne kann etwas tun. Aber natürlich ist seine Reichweite als Einzelner begrenzt. Im Bioladen einkaufen hat gewiss seine positiven Seiten, wird aber an der Umweltzerstörung nichts ändern, solange es keine verbindlichen Gesetze gibt, die den Ausstoß der Treibhausgase reduzieren. Wenn Konzerne das »sozial verantwortliche

Wirtschaften« auf ihre Fahnen schreiben, ist das sehr lobenswert, aber kein Ersatz für klare Regeln. »Kinder brauchen Grenzen«, lautet ein alter pädagogischer Lehrspruch. Unternehmen noch viel mehr. Es gibt eine Reihe von Möglichkeiten, Lohndumping zu bekämpfen (Mindestlöhne, internationale Verträge, Verbesserung der Ausbildung der Arbeitskräfte, was ihre Marktposition stärkt). Der moralische Appell an die Unternehmer ist die am wenigsten Erfolg versprechende Möglichkeit – wenngleich freilich auch nicht völlig sinnlos.

Gefragt ist also der Staat. Für jeden Einzelnen von uns ist es gelegentlich bequem, im Shopping Center einzukaufen, und manchmal auch vergnüglich, im Urban Entertainment Center abzuhängen. Für uns alle gemeinsam ist es aber ein Problem, wenn unsere Städte mit billigen Glitzertempeln vollgemüllt werden, oder wenn sich die Citys in aseptische Themenparks verwandeln. Unser kulturelles Leben wird ärmer, wenn Kunst, die sich kommerziell nicht trägt, keine Chance mehr hat. Und das Leben in unseren Gesellschaften wird härter, wenn sich das Bildungssystem in Schulen für das A-Team und Schulen für die B-Teams aufspaltet. Wenn kulturelle Kompetenzen dramatisch an Bedeutung gewinnen, hat das entscheidende Auswirkungen auf die Gleichheitskultur von Gesellschaften. Wenn Politik das lange ignoriert oder gar die falschen Weichenstellungen vornimmt (viel Eliteförderung, wenig Investition in Problemzonen), dann werden die Konsequenzen höchst unerfreulich sein. Mit einem Wort: Die Verwandlung des modernen Kapitalismus in einen Kulturkapitalismus stellt nicht nur an den Einzelnen die Frage: »Was soll ich tun?«, sie ist vor allem auch eine Herausforderung an Stadtplaner, Kulturpolitiker, Bildungspolitiker, Medienpolitiker.

Das müsste letztlich das Ziel der Politik, aber auch der

Entscheidungen sein, die der Einzelne trifft: Souveränität zurückzugewinnen. Räume zurückzugewinnen, die von der Kommerzkultur nicht vollends determiniert sind, wobei Räume sowohl im buchstäblichen wie im metaphorischen Sinn gemeint sind. Alle Paradoxien von Kommerz, Lifestylekonsum, Identitätsshopping werden dadurch, auch das muss klar sein, nicht mit Haut und Haaren aus der Welt zu schaffen sein. Mit manchen Widersprüchen werden wir leben müssen, und der moderne Mensch hat auch schon einige Übung darin erlangt, widersprüchliche Dynamiken in der Schwebe zu halten, auszutarieren. Schließlich ist es, um mit einem Wort des großen Soziologen Georg Simmel zu enden, »ein ganz philiströses Vorurteil, dass alle Konflikte und Probleme dazu da sind, gelöst zu werden«.[172]

Wenn man beginnt, sie zu verstehen, ist schon einiges gewonnen.

Anmerkungen

1 Nico Stehr: Die Moralisierung der Märkte. Frankfurt a. M. 2007. S. 11, S. 128.
2 Ebenda, S. 74.
3 Der Spiegel, 52/2006.
4 Economist, 7. Januar 2007.
5 Franz Schuh: Schwere Vorwürfe, schmutzige Wäsche. Wien 2006, S. 224.
6 Slavoj i ek: Kulturkapitalismus. In: ders.: Die Revolution steht bevor. Dreizehn Versuche über Lenin. Frankfurt a. M. 2002, S. 120.
7 Gerhard Schulze: Die Erlebnisgesellschaft. Frankfurt a. M. / New York 2005, S. 442.
8 Jean Baudrillard: Das System der Dinge. Frankfurt a. M. 2001, S. 177.
9 Vance Packard, zitiert nach Martin Baltes: Absolute Marken – Labels – Brands. Freiburg 2004, S. 62.
10 Wally Olins: On Brands. New York 2003, S. 14.
11 Zitiert nach Wolfgang Ullrich: Habenwollen. Wie funktioniert die Konsumkultur? Frankfurt a. M. 2006, S. 45.
12 Ebenda, S. 10.
13 Zitiert nach Baltes: Absolute Marken, S. 41.
14 Ebenda, S. 164.
15 Olins: On Brands, S. 18.
16 MotherJones: http://www.motherjones.com/.Nov./Dez.2006.
17 Olins: On Brands, S. 181.
18 Hiromi Hosoya / Markus Schaefer: Brand Zone. In: Harvard Design School Guide to Shopping. Hrsg. von Chuihua Judy Chung, Jeffrey Inaba, Rem Koolhaas, Sze Tsung Leong. Köln 2002, S. 166.
19 Baltes: Absolute Marken, S. 82.
20 Zitiert nach ebenda, S. 201.
21 Georg Franck: Mentaler Kapitalismus. Eine politische Ökonomie des Geistes. München / Wien 2005, S. 221.

22 Fredric Jameson: Postmodernism or The Cultural Logic of Late Capitalism. Durham 1991, S. XXI.
23 Ebenda, S. 48.
24 Ebenda, S. 277.
25 Terry Eagleton: After Theory. London 2004, S. 48.
26 Stuart Hall: Cultural Studies. Ausgewählte Schriften. Band 3, Berlin 2000, S. 84.
27 Ebenda, S. 91.
28 Eva Illouz: Der Konsum der Romantik. Liebe und die kulturellen Widersprüche des Kapitalismus. Frankfurt a. M. 2003, S. 176.
29 Schulze: Die Erlebnisgesellschaft, S. 447.
30 Ebenda, S. 110.
31 Ullrich: Habenwollen, S. 9.
32 Olins: On Brands, S. 27.
33 Schon Jean Baudrillard erkannte: »Es gibt übrigens gar keine Möglichkeit, nicht zu wählen und einfach das Dringendste zu nehmen. Keine Ware drängt sich auf solch einem Nullpunkt des Kaufes auf. Ob man will oder nicht, die gewährte Freiheit zu wählen zwingt zum Eintritt in ein kulturelles System. Diese Wahl hat einen eigenartigen Charakter: Man empfindet sie als Freiheit, um sie nicht als Bedingung zu erleben.« Das System der Dinge, S. 176.
34 Sze Tsung Leong: … And Then There Was Shopping. In: Harvard Design School Guide to Shopping, S. 129.
35 Dominik Schrage: Integration durch Attraktion. Konsumismus als massenkulturelles Weltverhältnis. In: Mittelweg 36, Zeitschrift des Hamburger Instituts für Sozialforschung, 6/2003.
36 Wolfgang Fritz Haug: Kritik der Warenästhetik. Frankfurt a. M. 1971, S. 20.
37 Pier Paolo Pasolini: Freibeuterschriften. Berlin 1998, S. 49.
38 Ebenda, S. 60.
39 Schrage: Integration durch Attraktion, S. 72.
40 Illouz: Der Konsum der Romantik, S. 176.
41 Richard Sennett: Die Kultur des Neuen Kapitalismus. Berlin 2005, S. 125.
42 Nora von Westphalen: Wie im Rausch. In: Süddeutsche Zeitung, München, 16. / 17. September 2006.
43 Judith Levine: No shopping! Ein Selbstversuch. Berlin 2007.
44 Ökonomisierung des Lebens? Gespräch von Axel Honneth, Rahel Jaeggi und Rainer Forst, veröffentlicht in der Nullnummer der Zeitschrift polar, Frankfurt a. M., 2005.
45 Schulze: Die Erlebnisgesellschaft, S. 427.
46 Ebenda, S. 436.

47 Ebenda, S. 443.
48 Ullrich: Habenwollen, S. 46.
49 Illouz: Der Konsum der Romantik, S. 149.
50 Zitiert nach Ullrich: Habenwollen, S. 125.
51 Olins: On Brands, S.109.
52 Joseph Heath / Andrew Potter: Konsumrebellen. Der Mythos der
    Gegenkultur. Berlin 2005, S. 14.
53 Ebenda, S. 131.
54 Schulze: Die Erlebnisgesellschaft, S. 450.
55 Gregory Berns: Satisfaction. Warum nur Neues uns glücklich
    macht. Frankfurt a. M. / New York 2006, S. 60
56 Schulze: Die Erlebnisgesellschaft, S. 423.
57 Guy Debord: Die Gesellschaft des Spektakels. Berlin 1996, S. 32.
58 Ebenda, S. 35.
59 Ebenda, S. 18.
60 Ebenda, S. 26.
61 Siehe hierzu Rahel Jaeggis hervorragende Studie Entfremdung.
    Zur Aktualität eines sozialphilosophischen Phänomens. Frankfurt
    a. M. / New York 2005.
62 Annette Baldauf: Brandscapes. In: Archplus 175, Zeitschrift für
    Architektur und Städtebau, Aachen 2005, S. 67.
63 Franck: Mentaler Kapitalismus, S. 80.
64 Ebenda, S. 201.
65 Ebenda, S. 185.
66 Ebenda, S. 195/196.
67 Ebenda, S. 201.
68 Harald Willenbrock: Allgemein-Plätze. In: brand eins, Hamburg,
    1/2003, S. 119.
69 New York Times, 2. Mai 1994.
70 New York Times, 21. Dezember 1994.
71 Guido Brendgens: Vom Verlust des öffentlichen Raums. Simulierte
    Öffentlichkeit in Zeiten des Neoliberalismus. In: UTOPIEkreativ,
    Berlin, 12/2005, S. 1091 f.
72 Hanno Rautenberg: Bunte Langeweile. In: DIE ZEIT, Hamburg,
    26. Oktober 2006.
73 John McMorrough: City of Shopping. In: Harvard Design School
    Guide to Shopping, S. 196.
74 Anette Baldauf: Sauber, sicher, lustig. In: WOZ, Die Wochen-
    zeitung, Zürich, 27. Mai 2004.
75 Ebenda, siehe S. 46.
76 Hosoya / Schaefer: Brand Zone. In: Harvard Design School Guide
    to Shopping, S. 172.
77 Ebenda, S. 154.

78 Rainer Frenkel: Innenstadt zu verkaufen. In: DIE ZEIT, 26. Oktober 2006.

79 Hall: Cultural Studies. Ausgewählte Schriften, Band 3, S. 91.

80 Sze Tsung Leong: ... And Then There Was Shopping. In: Harvard Design School Guide to Shopping, S. 129.

81 Jon McMurroug: City of Shopping. In: Harvard Design School Guide to Shopping, S. 194.

82 Jameson: Postmodernism, S. 33.

83 Jaeggi: Entfremdung, S. 57.

84 Rem Koolhaas: Junk-Space. In: Archpuls 149, April 2000.

85 Luc Boltanski / Ève Chiapello: Der neue Geist des Kapitalismus. Konstanz 2003, S. 79.

86 Ebenda, S. 80.

87 Pierre-Michel Menger: Kunst und Brot. Die Metamorphosen des Arbeitnehmers. Konstanz 2006, S. 9.

88 Ebenda, S. 10.

89 Robert Misik: Interview mit Ève Chiapello. In: Falter, Wien, 3. Oktober 2006.

90 Adrienne Goehler: Verflüssigungen. Wege und Umwege vom Sozialstaat zur Kulturgesellschaft. Frankfurt a. M. 2006, S. 128.

91 Jeremy Rifkin: Access. Das Verschwinden des Eigentums. Frankfurt a. M. 2007, S. 11.

92 Heath / Potter: Konsumrebellen, S. 250.

93 Ebenda, S. 249.

94 Kulturberufe. Statistisches Kurzporträt zu den erwerbstätigen Künstlern, Publizisten, Designern, Architekten und verwandten Berufen im Kulturberufemarkt in Deutschland 1995–2003. Michael Söndermann im Auftrag der Beauftragten der Bundesregierung für Kultur und Medien. http://www.miz.org/artikel/studie_kulturberufe.pdf

95 Charles Leadbeater / Kate Oakley: The Independents. Britain's new cultural entrepreneurs. o. O. 1999, S. 13.

96 derive, Zeitschrift für Stadtforschung, Heft 23, April–Juni 2006.

97 Olins: On Brands, S. 238.

98 Goehler: Verflüssigungen, S. 63.

99 Harald Fricke im Gespräch mit Adrienne Goehler. In: taz, Berlin, 7. Juli 2006.

100 Thomas Fischermann und Götz Hamann: Die ewige Werbepause. In: DIE ZEIT, 21. Juli 2005.

101 Jaeggi: Unveröffentlichtes Manuskript.

102 Michelle Nicol: Konsumistische Internationale. In: Texte zur Kunst, Berlin, Nr. 56, 2004.

103 Isabelle Graw: Der letzte Schrei. Über modeförmige Kunst und kunstförmige Mode. In: Texte zur Kunst, Nr. 56, 2004.

104 Joe Cappo in: DIE ZEIT, 21. Juli 2005.
105 Isabelle Graw: Kunst, Markt, Mode. In: Lettre International, Berlin, Nr. 74, 2006.
106 Siehe hierzu Holm Friebe / Sascha Lobo: Wir nennen es Arbeit. Die digitale Bohème oder Intelligentes Leben jenseits der Festanstellung. München 2006.
107 Wally Olins: Trading Identities: Why countries and companies are taking on each other's roles. London 2000.
108 Brand Eins, McK-Wissen, 03, 12/2002.
109 Benedict Anderson: Die Erfindung der Nation. Zur Karriere eines folgenreichen Konzepts. Frankfurt a. M. 1988.
110 Olins: On Brands, S. 159.
111 Ebenda, S. 162.
112 derive, Nr. 23, S. 6.
113 Olins: On Brands, S. 138.
114 Ebenda, S. 136.
115 Zitiert nach Wolfgang Fritz Haug: Kritik der Warenästhetik, S. 38.
116 Ebenda, S. 39.
117 Sennett: Die Kultur des neuen Kapitalismus, S. 119.
118 Ebenda, S. 109.
119 Siehe dazu Michael Thompson: Theorie des Abfalls. Stuttgart 1981.
120 Ebenda, S. 49.
121 Ebenda, S. 84.
122 Ökonomisierung des Lebens? Gespräch von Honneth, Jaeggi und Forst, veröffentlicht in der Nullnummer der Zeitschrift polar.
123 Boltanski / Chiapello: Der neue Geist des Kapitalismus, S. 479.
124 Ebenda, S. 478.
125 Ebenda, S. 781.
126 Ebenda, S. 482.
127 Schulze: Erlebnisgesellschaft, S. 312.
128 Frank Müller: Im Reich der Dinge. Der Manufactum-Katalog: Rückblick auf eine untergegangene Epoche oder Vorhut einer kommenden? In Wespennest, Wien, Nr. 121, 2000.
129 Baudrillard: Das System der Dinge, S. 95.
130 Eva Illouz: Der Konsum der Romantik. Liebe und die kulturellen Widersprüche des Kapitalismus. Frankfurt a. M. / New York 2003, S. 87–88.
131 Pierre Bourdieu: Die feinen Unterschiede. Frankfurt a. M. 1987, S. 351.
132 Siehe dazu etwa: Zynische Realität. In: Süddeutsche Zeitung, 10. Januar 2006.
133 taz, 20. / 21. Mai 2006.
134 Siehe hierzu: www.goodbusiness.co.uk.

135 Olins: On Brands, S. 229.
136 Peter Koslowski / Birger P. Priddat: Ethik des Konsums. München 2006, S. 215.
137 Isolde Charim: Ethischer Kapitalismus. Bawag-Anthologie Macht – Recht – Global. Wien 2006, S. 39.
138 Marken – Labels – Brands, S. 74.
139 Friebe / Lobo: Wir nennen es Arbeit, S. 128.
140 Schulze: Erlebnisgesellschaft, S. XVII.
141 Zitiert nach: Karl-Siegbert Rehberg: Konsumismusfallen. Verdeckung sozialer Ungleichheit und Krisenverschärfung. In: Texte zur Kunst. Nr. 56, 2004.
142 Terry Eagleton: Einführung in die Literaturtheorie. Stuttgart 1997, S. 39.
143 Franck: Mentaler Kapitalismus, S. 156.
144 Menger: Kunst und Brot, S. 37.
145 Bourdieu: Die feinen Unterschiede, S. 36.
146 Ebenda, S. 27.
147 Ebenda, S. 441.
148 Ebenda, S. 387.
149 Illouz: Der Konsum der Romantik, S. 265.
150 Celia Lury: Consumer Culture. New Brunswick / New Jersey 1996, S. 7.
151 Terry Eagleton: Was ist Kultur? München 2001, S. 67.
152 Stuart Hall: Ideologie, Identität, Repräsentation. Ausgewählte Schriften, Band 4. Hamburg 2004, S. 211.
153 Samuel Huntington: The Clash of Civilizations. In: Foreign Affairs, New York, 1993, S. 22 ff.
154 Jameson: Postmodernism, S. 318.
155 Rifkin: Access, S. 348.
156 Schließlich muss man nur einen Nachmittag durch Peking oder Schanghai schlendern, um zu sehen, dass es manche Kulturen offenbar ganz gut verstehen, von der Adaption des westlichen Konsummodells gehörig zu profitieren.
157 »Offizieller Drink des Gipfels Islamischer Organisationen 2003«, wird auf der Homepage der Firma, www.mecca-cola.com geworben.
158 Ullrich: Habenwollen, S. 149.
159 Fouad Allam: Der Islam in einer globalen Welt. Berlin 2004, S. 19.
160 Gilles Kepel: Die neuen Kreuzzüge. Die arabische Welt und die Zukunft des Westens. München 2005.
161 Olivier Roy: Der islamische Weg nach Westen. Globalisierung, Entwurzelung und Radikalisierung. München 2006, S. 40.

162 Ebenda, S. 35.

163 Allam: Der Islam in einer globalen Welt, S. 64.

164 Pasolini: Freibeuterschriften, S. 56 f.

165 Ebenda, S. 40.

166 Ebenda, S. 49.

167 Peter Koslowski: I shop, therefore I am. In: Koslowski / Priddat (Hrsg.): Ethik des Konsums, S. 23.

168 Baudrillard: Das System der Dinge, S. 203.

169 Joseph Stiglitz: Die Chancen der Globalisierung. Berlin 2006, S. 27.

170 Schulze: Erlebnisgesellschaft, S. 33.

171 Jaeggi: Entfremdung, S. 51.

172 Georg Simmel: Das individuelle Gesetz. Frankfurt a. M. 1987, S. 173.

Bildnachweis

Anne Angermüller: S. 175
Axel Gerhardt / Andrej Trofinoff: S. 13, 29, 33, 47, 51, 55, 73, 93, 99, 119, 155 159, 185
Getty images, Foto Randy Wells: S. 65
Günter F. Koch: S. 41
Michael Moran: S. 61
photoacitve: S. 77
TransFair, Verein zur Förderung des Handels mit der »Dritten Welt« e. V.: S. 149.

»Man muß sich die Kunden des Aufbau-Verlages als glückliche Menschen vorstellen.«

SÜDDEUTSCHE ZEITUNG

Das Kundenmagazin der Aufbau Verlagsgruppe finden Sie kostenlos in Ihrer Buchhandlung und als Download unter www.aufbauverlagsgruppe.de. Abonnieren Sie auch online unseren kostenlosen Newsletter.

aufbau
VERLAGSGRUPPE

Judith Levine
No Shopping!
Ein Selbstversuch
330 Seiten. Gebunden
ISBN 978-3-378-01093-2

Ein Jahr ohne Shopping

Judith Levine hat ein Jahr lang nichts gekauft – zumindest nichts, was über das Nötigste hinausging. Aber zählt Wein wirklich dazu? Und was ist mit diesen limettengrünen Schuhen? Voller Esprit erzählt Levine von den Folgen der Shopping-Verweigerung für ihren Alltag, ihre Beziehung, ihre Psyche und ihren Kleiderschrank. Schon bald gibt es Schwierigkeiten, durchzuhalten: Sabotageversuche und unwiderstehliche Verlockungen treiben sie zum kommerziellen Sündenfall. Eine pointierte Darstellung des zutiefst menschlichen Hanges, sich selbst etwas vorzumachen.

»Ehrlich, mit viel Selbstironie und Witz.« MARTIN SUTER, SONNTAGSZEITUNG

»Eine Kritik an Kaufwahn und Habenwollen, die Sie, ja: unbedingt kaufen sollten!« ROBERT MISIK

Mehr Informationen erhalten Sie unter
www.aufbauverlagsgruppe.de oder in Ihrer Buchhandlung

kiepenheuer
AUFBAU VERLAGSGRUPPE

Fanny Frohmeyer
Geschichte in Augenblicken
Merkwürdigkeiten, die die Welt bewegten
205 Seiten. Gebunden
ISBN 978-3-378-01089-5

Unglaubliche Storys

Erstaunliche Geschichten, von denen Sie garantiert noch nichts wussten: Wie grausame Zahnärzte das Schicksal des Sonnenkönigs Ludwig XIV. bestimmten; warum Beuys' Badewanne einer Party zum Opfer fiel; wie die Briten versuchten, Hitler mit Horoskopen zu bekämpfen; warum die Moskauer Zeit in Ostberlin eingeführt wurde; wie das schwäbische Sigmaringen die Hauptstadt Frankreichs werden konnte; wie viele Attentate auf Honecker vertuscht werden mussten; was es mit der Entführung von Charlie Chaplins Leiche auf sich hatte; wie die Nazis den Papst entführen lassen wollten; warum eine britische Königin den olympischen Marathon verlängern ließ ...
Kuriose Geschichten zum Weitererzählen und Verschenken.

Mehr Informationen erhalten Sie unter
www.aufbauverlagsgruppe.de oder in Ihrer Buchhandlung

Richard Fasten
Von Klettverschluß bis G-Punkt
Das Lexikon der großen Entdeckungen
Mit Illustrationen von Andreas Brexendorff
160 Seiten. Gebunden
ISBN 978-3-378-01084-0

Entdeckungen, die
die Welt veränderten

Ein Sammelsurium großer Entdeckungen der Menschheit:
von Vibrator bis Blindenschrift, von Computer bis
Kartoffelchips, von Dampflokomotive bis Coca-Cola.
Zwei rüstige alte Damen beschließen auf einer Party, die
sexuelle Befreiung der Frau voranzutreiben, und geben die
Entwicklung eines Medikaments in Auftrag – wenige Jahre
später kommt die Antibabypille auf den Markt und revolutio-
niert das Liebesleben. Amüsant und kurzweilig wie Ben Schott
und Dr. Ankowitsch erzählt Richard Fasten wissenswerte und
charmante Geschichten über Entdeckungen, die unsere Welt
veränderten.

Mehr Informationen erhalten Sie unter
www.aufbauverlagsgruppe.de oder in Ihrer Buchhandlung

Adam Soboczynski
Polski Tango
Eine Reise durch Deutschland und Polen
207 Seiten. Gebunden
ISBN 978-3-378-00675-1

Berlin – Warschau
Eine Lebensreise

Als Kind verliebt sich Adam Soboczynski in die BRD. Bald darauf siedeln der junge Pole und seine Familie nach Koblenz über. Doch was geschah mit dem zurückgebliebenen Leben? Mehr als 20 Jahre später begibt sich der Journalist auf Reisen, um das Land seiner Kindheit neu zu entdecken. Er trifft Piotr, der sich einen deutschen Pass erschleicht und reich wird, begegnet einem Jugendfreund Karol Wojtylas und besucht Grazyna, das Mädchen, das ihm das Laufen beibrachte. Mit Charme, Witz und Schärfe hinterfragt Adam Soboczynski die Polenklischees der Deutschen und erklärt, warum die polnische Putzfrau inzwischen eine Russin ist. Seine Reise führt ebenso durch die DDR wie durch die alte und neue Bundesrepublik, und sie endet im Herzen Europas.

»Ein Buch, auf das wir lange warten mussten. […] Ein erfrischendes und unterhaltsames Dokument menschenfreundlicher Aufklärung.« JENS BISKY, SÜDDEUTSCHE ZEITUNG

Mehr Informationen erhalten Sie unter
www.aufbauverlagsgruppe.de oder in Ihrer Buchhandlung

kiepenheuer
AUFBAU VERLAGSGRUPPE

Petra und Werner Bruns
Rainer Böhme

DIE Alters-
revolution
Wie wir in Zukunft
alt werden

aufbau

Petra Bruns / Werner Bruns /
Rainer Böhme
Die Altersrevolution
Wie wir in Zukunft alt werden
239 Seiten. Gebunden
ISBN 978-3-351-02644-8

Die neuen Alten kommen

WG statt Altersheim, zurück an die Uni, Sex im Alter: Die jetzt in Rente gehende Generation wird die Kultur des Alterns radikal verändern. Das Buch zeigt konkrete Lebensmodelle älterer Menschen in den nächsten Jahren – fundiert, geistreich, unterhaltsam und durchaus polemisch.

Deutschland muss sich darauf einstellen, dass die künftigen Rentner-Generationen sich nicht in Seniorenheime und Schrebergärten zurückziehen, dass sie weder sparsam noch angepasst ihre letzten Lebensjahre verbringen. Vielmehr wird die zahlenmäßig starke, anspruchsvolle und protesterfahrene Gruppe der 68er sich noch einmal daran machen, einen ganzen Lebenszyklus umzugestalten. Es ist absehbar, dass sich die einstigen Rebellen der Wohlstandsgesellschaft auch dann noch an den Werten und Idealen ihrer Jugend orientieren werden, wenn sie im Ruhestand sind. Konkrete Beispiele zeigen, dass die Altersrevolution schon heute begonnen hat.

Mehr Informationen erhalten Sie unter
www.aufbauverlagsgruppe.de oder in Ihrer Buchhandlung

aufbau
AUFBAU VERLAGSGRUPPE

Christina von Braun / Bettina Mathes
Verschleierte Wirklichkeit
Die Frau, der Islam und der Westen
Mit 40 Abbildungen
476 Seiten. Gebunden
ISBN 978-3-351-02643-1

Der Islam und der Westen

Die kontroverse Debatte um das Kopftuchverbot hat es
gezeigt: Der »Kampf der Kulturen« findet nicht zuletzt auch in
der Geschlechterdebatte seinen Ausdruck. Mit Beispielen aus
Kultur, Geschichte und Literatur beleuchten Christina von
Braun und Bettina Mathes die Stellung der Frau im Islam und
in anderen Religionen. Die Autorinnen gehen der Geschichte
des Schleiers und weiterer religiöser Sinnbilder nach, untersuchen die Geschlechterordnung in den drei Weltreligionen und
verweisen auf aktuelle Tendenzen des Fundamentalismus in
allen Glaubensrichtungen. In der Sichtweise auf die »andere«
Welt offenbart sich das Selbstverständnis des Westens, mehr als
wir zugeben wollen. – Ein spannend zu lesendes Buch.

Mehr Informationen erhalten Sie unter
www.aufbauverlagsgruppe.de oder in Ihrer Buchhandlung

aufbau
AUFBAU VERLAGSGRUPPE